徐徹 李焱 著

中國民間崇拜文化叢書

道界百仙

中和出版
OPEN PAGE
中

「中國民間崇拜文化叢書」包含《佛界百佛》《道界百仙》《冥界百鬼》《民間百神》4 冊，由中國著名晚清史、現代史學者徐徹先生所著，是當下少有的關於中國民間宗教信仰和崇拜文化的系統性研究作品。

《佛界百佛》共 7 章，分為：佛陀部、菩薩部、觀音部、諸天部、明王部、羅漢部、高僧部。

《道界百仙》共 10 章，分為：創世神、天尊神、星宿神、遊仙神、真人神、護法神、佑民神、居家神、山澤神、匠作神。

《冥界百鬼》共 8 章，分為：鬼王部、鬼帥部、鬼吏部、鬼煞部、鬼卒部、情鬼部、善鬼部、惡鬼部。

《民間百神》共 7 章，分為：信仰神、歡樂神、情感神、吉祥神、護衛神、行業神、自然神。需要特別說明的是，民間崇拜中的「百神」，不少與其他信仰崇拜同源或交會，因而

本冊所列的一百位民間崇拜神祇形象中有一部分與上述三冊有所重疊。作者對這部分形象進行了重新分類，並做了更詳盡的補充。

本系列叢書引證詳實、邏輯清晰、語言流暢，對於各位對中國民間崇拜和傳統文化抱有濃厚興趣的讀者，具有極高的學習和收藏價值。

香港中和出版有限公司編輯部

目　錄

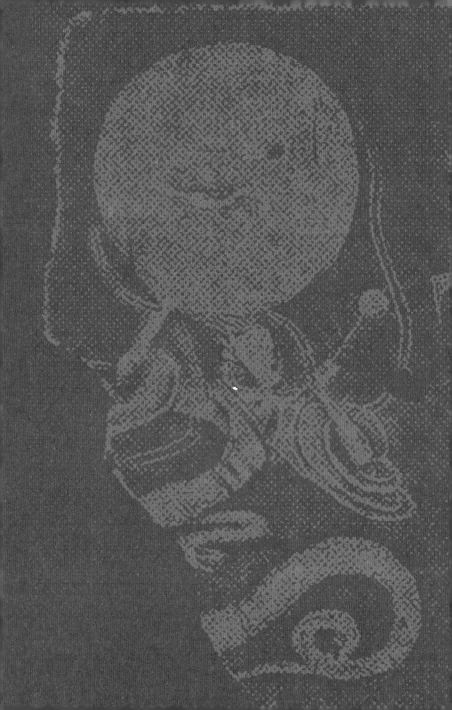

創世神

盤古

提到盤古，中國人都會脫口而出「盤古開天地」。這位中國古代傳說中的巨人神，亦是道教所尊崇的創世神之一。

三國吳國人徐整著《三五曆紀》是這樣記述盤古開天地的：

天地渾沌如雞子，盤古生其中。萬八千歲，天地開闢，陽清為天，陰濁為地。盤古在其中，一日九變，神於天，聖於地。天日高一丈，地日厚一丈，盤古日長一丈，如此萬八千歲。天數極高，地數極深，盤古極長，後乃有三皇。數起於一，立於三，成於五，盛於七，處於九，故天去地九萬里。

這是説，傳説在天地還沒有開闢以前，宇宙就像是一個大雞蛋一樣混沌不清。有個叫作盤古的巨人，在這個大雞蛋中一直酣睡着。大約過了一萬八千年，他突然醒來，發現周圍一團漆黑。盤古不能忍受，揮舞巨掌劈向黑暗，天地從此開闢，千萬年的混沌黑暗被攪動，其中輕盈清澈的物質慢慢上升並漸漸散開，變成蔚藍的天空；而那些厚重混濁的物質慢慢下降，變成了厚實的土地。盤古站在這天地之間非常高興，他天天在變化，其精神瀰漫於天，其神聖熔鑄於地。如此，盤古每天生長一丈，天亦每天增高一丈，地亦每天加厚一丈。這樣又過了十萬八千年，天越來越高，地

越來越厚，盤古生長得極為高大。此後，才擁有了三皇。數字是從一開始的，數到三就立住了，數到五就成氣候了，數到七就興盛了，數到九就達到極點了。因此，天空與大地之間的距離已經達到九萬里了。

明末清初學者徐道著《歷代神仙通鑒》（一名《三教同源錄》）對盤古開天地的記述則是這樣的：

盤古將身一伸，天即漸高，地便墜下。而天地更有相連者，左手執鑿，右手持斧，或用斧劈，或以鑿開。自是神力，久而天地乃分。二氣升降，清者上為天，濁者下為地，自是混沌開矣。

這是說，盤古誕生以後，用全力開天闢地。他將身體一伸，天即逐漸長高，地便下墜。此時天和地還有互相連接之處，盤古即左手拿着尖鑿，右手持着利斧。有時用利斧劈，有時用尖鑿開。依靠他的神力，功夫不負有心人，久而久之，天與地就徹底分割開了。清濁二氣有升有降，清氣上升為天，濁氣下降為地，自此混沌污濁的霧團得以全然分開了，開天闢地大功告成。

以上記紋的是盤古開天地的極大功績，而對盤古之死，南朝梁任昉著《述異記》云：

昔盤古氏之死也，頭為四嶽，目為日月，脂膏為江海，毛髮為草木。秦漢間俗說：盤古氏頭為東嶽，腹為中嶽，左臂為南嶽，右臂為北嶽，足為西嶽。先儒說：盤古氏泣為江河，氣為風，目瞳為電。古說：盤古氏喜為晴，怒為陰。吳

楚間説：盤古氏夫妻，陰陽之始也。今南海有盤古氏墓，亙三百里，俗云後人追葬盤古之魂也。桂林有盤古祠，今人祝祀；南海有盤古國，今人皆以盤古為姓。盤古氏，天地萬物之祖也，而生物始於盤古。

意思是説，盤古開天闢地將自己累死了，但盤古將自己的一切都無私地奉獻給了天地。他的氣息化成風雲，聲音變成雷霆，目為日月，四肢五體為四極五嶽，血液為江河，筋脈為地理，肌肉為田土，髮髭為星辰，皮毛為草木，齒骨為金石，精髓為珠玉，汗流為雨澤，從而建成天地。

唐宋以後，道教為傳道之需要，將盤古納入道經中，並尊崇為盤古真人，亦稱為「元始天王」，成為道教之創世神。正所謂先天之氣「化為開闢世界之人，辟為盤古；化為主持天界之祖，即為元始」。據東晉葛洪著《枕中書》記載，在二儀未分、天地日月未具時，已經有了盤古真人，自號元始天王，遊乎其中。他後來與太元聖母通氣結精，生扶桑大帝（東王公）、西王母。後又生地皇，地皇生人皇。以後的伏羲、神農、祝融等都是他的後裔。

河北省滄州市有盤古廟。該廟始建於元世祖忽必烈執政期間，明清兩代均曾重修。該廟每年有兩次盛會，一次是農曆九月初九日盤古誕辰日；另一次是農曆三月初三盤古歸天日。屆時，當地都會舉行廟會，迎接八方來客。

伏羲

伏羲是盤古的後裔，亦是神話傳說中的人類始祖。伏羲，又稱宓羲、庖犧、包犧、伏戲，亦稱犧皇、皇羲、太昊，在《史記》中稱伏犧。伏羲位列三皇之首，三皇即天皇伏羲、地皇神農、人皇女媧。

據說在宇宙初開之時，只有伏羲和女媧兄妹二人。據南朝梁蕭統編《昭明文選》記載：「伏羲鱗身，女媧蛇軀。」這是說，伏羲身上有龍麟，女媧是蛇身。他們住在崑崙山上，為繁衍人類，只好兄妹二人配為夫妻。唐李冗著《獨異志》記載了這個傳說：

昔宇宙初開之時，只有伏羲、女媧兄妹二人住在崑崙山下。為了繁衍人類，兄妹想結為夫妻，但又感到羞恥。於是，兄妹二人登上了崑崙山，發出咒語：「蒼天如果同意我兄妹二人結為夫妻，煙霧就立即聚合在一起；如果反對我兄妹二人結為夫妻，煙霧就立刻分散。」結果煙霧立即聚合在一起，説明老天同意兄妹二人結為夫妻。於是，他們就結合了。

伏羲女媧兄妹二人結婚而繁衍人類的傳說，反映了原始社會早期血親婚配的婚姻制度。伏羲為人類做出了很多開創性的貢獻，如始創婚姻、發明占卜八卦、製造樂器弦

琴、結繩為網等。

　　甘肅省天水市有伏羲廟。伏羲廟，原名太昊宮。太昊即伏羲。該廟建於明憲宗成化年間，現為全國重點文物保護單位。每年農曆五月二十三日，當地都舉行盛會，慶祝伏羲誕辰。

　　河南省淮陽縣有太昊陵。此陵始建於春秋年間，歷史悠久，被視為「天下第一皇朝祖聖地」。當地每年農曆二月二日起，都要舉行「人祖廟會」，會期持續一個月。如今的太昊陵不僅是全國重點文物保護單位，而且還是中國非物質文化遺產之一。

女媧

女媧是中國歷史神話傳說中的女神，是三皇之一。她的功績，使她成為中華民族的創世神和始祖神。可以毫不誇張地說，她是中華民族的偉大母親。

相傳她對中華民族有三大特殊貢獻：一是搏土造人；二是設置婚姻；三是鍊石補天。

第一大貢獻是搏土造人。據說，女媧形象奇特，是人頭蛇身。同時，她神通廣大，無所不能。她能夠化生萬物，「一日七十化」，就是說，一天可以變化出七十樣東西。女媧眼觀大地，白茫茫一片真乾淨，甚麼也沒有，顯得十分淒涼。她悲天憫人，欲創造萬物，創造人類。她計劃用七天時間，來進行創造。正月初一日創造雞，初二日創造狗，初三日創造羊，初四日創造豬，初五日創造牛，初六日創造馬。這六天，她創造了六畜，給人類提供了生產資料和生活資料。初七日，女媧創造了人。她用黃土和溪水，按照自己的模樣，搏成一個個小泥人。她不辭辛苦，搏了一批又一批。但是，她覺得速度還是太慢。於是，她把一根藤條沾上泥漿，然後揮舞起來。泥點子揮灑在大地上，個個點子都變成了人。這就是搏土造人。

第二大貢獻是設置婚姻。僅僅有人是不夠的，必須解決人的繁衍問題。女媧想到了用男女婚姻，來解決這個棘

手問題。據東漢應劭著《風俗通義》記載：「女媧禱神祠，祈而為女媒，因置婚姻。」即是説，女媧親自到神祠去祈禱，祈禱神明回答如何解決人類的繁衍問題。神明回答她，可以設置婚姻，用男女婚配的方法來繁衍人類。這是一個偉大的發現，發現了人類可以用自身的力量，傳宗接代，繁衍下去。

《禮記·明堂位》云：「垂之和鐘，叔之離磬，女媧之笙簧。」這是説，和鐘是垂發明的；離磬是叔發明的；笙簧是女媧發明的。《魏書·樂志序》云：「伏羲弦琴。」可見，伏羲和女媧兄妹二人還是樂器始祖。兩人由兄妹而夫妻，又都擅長樂器抒情，難怪多數音樂作品都與愛情有關。

第三大貢獻是鍊石補天。據西漢劉安著《淮南子》記載，水神共工和火神祝融因故吵架，大打出手，最後祝融打敗了共工。水神共工因失敗而羞憤難當，朝西方的不周山撞去，不周山崩塌了。孰料，不周山原來是一根撐天的柱子。撐支天地之間的天柱斷裂，天倒塌了半邊，露出了一個大窟窿，地也陷了一道大裂縫，山林燃起了大火，洪水從地底下噴湧出來，龍蛇猛獸也出來吞食人類。人類面臨着空前的災難。

女媧目睹人類遭遇的劫難，痛苦萬分，她決心設法補天，以拯救人類。她選用各色各樣的五色石子，架起烈火將它們焚燒成石漿，用這種石漿來補天上的大窟窿。隨後，又斬下一個大龜的四隻腳，把四隻腳當作四根柱子，支撐起倒塌的半邊天。女媧還擒殺了殘害人類的黑龍，剎住了龍蛇

的囂張氣燄。最後，為了堵住四處漫流的洪水，女媧還收集了大量的蘆草，把它們焚燒成灰燼。然後，用這些灰燼來堵塞四處漫流的洪水。

經過女媧的辛勤整治，蒼天補上了，大地填平了，洪水止住了，龍蛇斂跡了。人類又重新過上了安樂的生活。女媧為人類的生活創造了完美的自然環境。

中國各地有很多女媧廟宇。如山西省霍州市的媧皇廟、甘肅省秦安縣女媧廟和女媧洞、甘肅省天水市女媧廟、山西省洪洞縣媧皇廟、河南省周口市西華女媧廟、河北省涉縣媧皇宮等。每年農曆三月初一是女媧誕辰日，這一天，一些女媧廟如西華女媧廟和涉縣媧皇宮都會舉行盛大的廟會。其中，涉縣媧皇宮廟會據說已有一千四百年的歷史了。

東漢伏羲女媧畫像磚

神農

神農，傳說中的農業和醫藥的發明者，是三皇之一。他生於姜水，以姜為姓。《易傳·繫辭下傳》記載：「包犧氏沒，神農氏作。」其意是說，伏羲氏死後，神農氏繼位。《易傳·繫辭下傳》又說：「神農氏沒，黃帝堯舜氏作。」這是說，神農氏死後，黃帝、堯、舜相繼繼位。遠古人民過着漁獵採集的生活，神農最先用木製作耒耜，教民農耕。這曲折地反映了原始時期先民由採集漁獵到農業生產的進步情況。又傳說他嘗遍百草，發現藥材，教人治病，有德政。

還有一說，認為神農就是炎帝。關於這個說法，堅持者有之，反對者亦不在少數。其實，司馬遷在《史記·五帝本紀第一》中已經清楚地說明了這個問題。他說：

軒轅之時，神農氏衰，諸侯相侵伐，暴虐百姓，而神農氏弗能征，於是軒轅乃習用干戈，以征不享，諸侯咸來賓從，而蚩尤最為暴，莫能伐。炎帝欲侵陵諸侯，諸侯咸歸軒轅，軒轅乃修德振兵，治五氣，藝五種，撫萬民，度四方，教熊、羆、貔、貅與炎帝戰於阪泉之野。三戰，然後得其志。蚩尤作亂，不用帝命，於是黃帝乃征師諸侯，與蚩尤戰於涿鹿之野，遂禽殺蚩尤，而諸侯咸尊軒轅為天子，代神農氏，是為黃帝。

其中，軒轅即黃帝。其他大人物分別是神農、炎帝、

蚩尤，加上黃帝，共計四人。也就是説，在司馬遷那個年代，神農和炎帝是兩個不同的人。

神農像

炎帝

炎帝，又稱赤帝、烈山氏。傳說為遠古時期部落首領，與軒轅黃帝同為中華民族的始祖。倆人不僅同為中華民族的始祖，而且傳說還是一奶同胞的兄弟。當然，弄清楚這些，還得從炎帝的母親說起。炎帝的母親是誰？史傳有兩個說法。

第一個說法，其母為有嬌氏。《國語‧晉語》記載：「昔少典氏娶於有嬌氏，生黃帝、炎帝。黃帝以姬水成，炎帝以姜水成。」這是說，有熊國的國君少典娶妻有嬌氏，生二子，一個是黃帝，一個是炎帝。黃帝成長於姬水之濱，炎帝成長於姜水之濱。於是，黃帝為姬姓，炎帝為姜姓。

第二個說法，相傳其母名女登。一日，女登遊華陽，被神龍繞身，感應而孕，生下炎帝。炎帝的長相奇特。傳說炎帝人身牛首，頭上有角。史家分析，說炎帝長了個帶角的牛首，是古代以牛為其氏族圖騰的一個形象反映。尊重牛，很可能是因為牛作為生產工具的重要組成部分，進入了農業生產領域。這就標誌着此時的社會，很可能已經由漁獵時代轉向了農耕時代。炎帝是這個轉型時代的一個形象的代表。

炎帝的出生地，至今沒有定論。事實上，炎帝是一個傳說中的神化了的人物。他是中國先民集體智慧的集中體現。

炎帝是個神仙，與平常人完全不同。炎帝少而聰穎，三

天能説話，五天能走路，三年知稼穡之事。為甚麼叫炎帝？炎帝生於烈山石室，長於姜水，有聖德，以火德王，故號炎帝。

炎帝和黃帝雖傳説是兄弟，但也曾大打出手。炎帝一族最初的活動地域在今陝西的南部，後來沿黃河向東發展，與黃帝發生衝突。在阪泉之戰中，炎帝被黃帝戰敗，炎帝部落與黃帝部落合併，組成華夏族，所以今日中國人自稱為「炎黃子孫」。

炎帝晚年巡遊南方時，積勞成疾，不治身亡；還有一説，認為炎帝發現草藥，因嘗百草，不幸而死。不過，這樣一來，又把炎帝和神農混淆了，我們且姑妄聽之。

炎帝葬於何處呢？關於炎帝神農氏安葬地的記載，最早見於晉代皇甫謐撰寫的《帝王世紀》，炎帝「在位一百二十年而崩，葬長沙」。宋羅泌撰《路史》記述得更具體，認為炎帝「崩葬長沙茶鄉之尾，是曰茶陵。」據地方史料《酃縣志》記載，此地西漢時已有陵，西漢末年，綠林、赤眉軍興，邑人擔心亂兵發掘，遂將陵墓夷為平地。唐代，佛教傳入，陵前建有佛寺，名曰「唐興寺」。雖然佛教傳入，但陵前仍「時有奉祀」炎帝。如今，炎帝陵位於湖南省株洲市炎陵縣鹿原鎮境內。該陵始建於西漢年間，號稱「神州第一陵」。陵殿為五進，即午門、行禮亭、主殿、墓碑亭、墓塚。殿外有詠豐台、天使館、聖德林、鹿原亭等附屬建築。當然，古有「八世炎帝」之説，葬於鹿原鎮的乃八世炎帝。陝西省寶雞市亦有炎帝陵，據說那是一世炎帝和二世炎帝的故鄉。

黃帝

黃帝是中華五帝之首。五帝即黃帝、顓頊、帝嚳、堯、舜。五帝大約在公元前二十六世紀至公元前二十一世紀初。黃帝是中華民族的創始祖。

黃帝的降生極富神秘色彩。黃帝是少典的兒子，姓公孫，名軒轅。那麼，其父少典是誰呢？據說，少典來歷不凡。他是伏羲帝和女媧帝的直系第七十七代帝，是有熊國的國君。有熊國位於現在的河南新鄭的軒轅丘一帶。少典有一位婦人名叫附寶，也是神仙一類的人物。

關於黃帝的出生有四個版本：

第一個版本，是天帝託胎而降的。

第二個版本，是雷神下凡而生的。

第三個版本，是電光擊打而孕的。說附寶被電光擊打，由此懷孕，孕期長達二十四個月，最後生出了黃帝。

第四個版本，是飛龍演變而來的。剛生下時是「黃龍體」，並長着奇特的「四面」，即是說，四面都有臉。他生下來，就能駕馭百神，控制四方，主司風雨雷電，進而成為創造天地萬物之神。

這四個版本，都在說明黃帝不是一個平常的凡人，而是一位造福人類的神仙，是「生而神靈，弱而能言」。他的

先世不凡，他的出生不凡，他的長相不凡，他的作用不凡。他是一位充滿神秘色彩的非凡的神仙。

黃帝的創業充滿艱難曲折。當時，中國境內居住着許多民族。有一個族叫諸夏，諸夏因居住地域的差別，分為兩個支派：一派是姜姓的炎帝，一派是姬姓的黃帝。黃帝族和炎帝族屬於兄弟族，都是有熊氏國君少典的後裔。

從《史記》的記載來看，軒轅的時代，天下大亂，諸侯互相征伐。主要是居於領導地位的神農氏勢力衰滅，各路諸侯乘勢崛起，「神農氏世衰，諸侯相侵伐，暴虐百姓」。而神農氏「弗能征」，不能夠征伐壓服作亂的諸侯。在這種情況下，具有遠見卓識的軒轅，「習用干戈」，擴充軍備，積極備戰，並投入軍力，討伐不服從的諸侯，「以征不享」，逐漸地「諸侯咸來賓從」。

黃帝像

當時主要有三股政治軍事力量。一股是軒轅，一股是蚩尤，一股是炎帝，「而蚩尤最為暴，莫能伐」，蚩尤是一塊難啃的骨頭，只得先放一放。炎帝這股力量不能小瞧，他還時不時地侵凌其他諸侯。因此，各路諸侯都向軒轅靠攏，「諸侯咸歸軒轅」。

軒轅審時度勢，看到目前舉兵不利，所以，他同其他兩股力量尋求暫時的和平，而修煉內功。「軒轅乃修德振兵，治五氣，藝五種，撫萬民，度四方」，積極從事物質和精神兩個方面的準備。

黃帝的一生曾先後打了兩次大仗。

第一次是與炎帝打的。戰爭的原因是因為「炎帝欲侵凌諸侯」，諸侯沒有辦法，到軒轅那裡求救，「諸侯咸歸軒轅」。條件成熟了，軒轅向炎帝發起攻擊，「與炎帝戰於阪泉（今河北省涿鹿縣東南，一說今山西省運城解池附近）之野」。此戰軒轅取得了勝利，「三戰，然後得其志」。

第二次是與蚩尤打的。戰爭的原因，司馬遷說：「蚩尤作亂不用帝命。於是，黃帝乃征師諸侯」。一種傳說，炎帝遭到了蚩尤的侵襲。蚩尤是南方九黎族的首領，是個妖怪。據說他長相奇特，剽悍異常。他頭上長有犀利的犄角，四隻眼睛，六隻手，臉上的鬚毛硬如刀劍，牛一樣的蹄子。牙齒鋒利，吃的是鐵塊、石頭和沙子。不僅如此，他還有八十一個兄弟，實質是八十一個部落，個個如凶神惡煞。蚩尤打敗了炎帝，並對軒轅虎視眈眈。炎帝向軒轅求救。於是，軒

轅和炎帝組成聯盟，共同抗擊蚩尤的侵犯。

不管是哪種傳說，總之，「黃帝乃征師諸侯，諸侯與蚩尤戰於涿鹿之野，遂擒殺蚩尤」。最終，他們在涿鹿（今河北省涿鹿縣）之野展開決戰，殺得昏天黑地，人仰馬翻。軒轅終於活捉了驍勇善戰的蚩尤，並將其處死。自此，迎來了天下太平。「而諸侯咸尊軒轅為天子，代神農氏，是為黃帝」。就這樣，黃帝成為統一諸夏族的第一人。

黃帝族和炎帝族合併，統稱華夏族。華夏族就是漢族的前身。華夏族認為自己居於中原大地的中心地帶，是鮮花之中心，因此，自稱中華（花）。原來是指黃河流域一帶，後來凡是其統轄的地方就都稱為中華，亦稱中國。延續至今，中華民族就成為我國五十六個民族的總稱，黃帝就自然成為我們中華民族的始祖。

黃帝的舉措堪稱文明的開端。在統一後的中華大地，黃帝意外地得到了象徵國家權力的寶鼎，「獲寶鼎」，這是上天授予黃帝權力的有力證明。黃帝大展宏圖，開疆擴土，定鼎四維，政通人和，百廢俱興。據說，黃帝的妻子是嫘祖，「嫘祖為黃帝正妃」，嫘祖發現了蠶絲；黃帝的史官是倉頡，倉頡發明了文字；黃帝的臣子大撓，創造了干支曆法；黃帝的樂官伶倫，製作了樂器。

總之，黃帝鼓勵發明創造，倡導發展文化。在他的倡導下，開闢了道路，建築了宮室，發明了車船，節約了器物，抽出了蠶絲，漂染了衣服，創造了文字，發現了音律，順應

了四時，做出了干支。在物質文明和精神文明兩個領域，黃帝都取得了驕人的偉大成果，使中華民族從此走上了文明的康莊大道。從野蠻到文明，這個領路人就是中華民族的始祖黃帝。

因此，黃帝是中華民族的人文初祖或文明始祖，評價準確，當之無愧。

陝西省黃陵縣有軒轅黃帝陵。《史記・五帝本紀第一》記載：「黃帝崩，葬橋山。」橋山，《爾雅》云：「山銳而高，曰橋也。」此山又尖又高，故稱橋山。橋山位於陝西省黃陵縣城北，山下沮水流過，山上古柏萬棵。軒轅黃帝便安臥於此。

該陵始建於春秋時期，歷經數千年，號稱「天下第一陵」。陵內有軒轅手植柏，相傳為軒轅黃帝親手所植。此柏高十九米，樹幹下圍十米，中圍六米，上圍兩米，遒枝蒼勁，柏葉青翠。前行有碑亭，亭內立有毛澤東手跡「祭黃帝陵文」和蔣中正手跡「黃帝陵」碑石。如今，這裡成為一個聖地。世界各地的炎黃子孫，紛至沓來，憑弔先人，禮拜始祖。

顓頊

顓頊（前 2514—前 2437 年），也稱姬顓頊、帝顓頊、顓頊帝或玄帝顓頊。顓頊乃黃帝次子昌意後裔，為五帝次席，在天神傳說中是主管北方的天帝。

傳說，顓頊是軒轅黃帝的孫子。《史記·五帝本紀》載：「軒轅黃帝崩，葬橋山。其孫即昌意之子高陽立，是為顓頊帝也。」昌意，相傳是軒轅黃帝與嫘祖的次子。軒轅黃帝生昌意，昌意生顓頊，可見顓頊是軒轅黃帝之孫。顓頊性格深沉而有謀略。十五歲時就輔佐軒轅黃帝長子少昊，治理九黎地區。二十歲即帝位，初封於高陽，建都於高陽古城（今河北省高陽縣），故又稱其為高陽氏。

顓頊像

顓頊統治時期，其部落聯盟與共工氏部落聯盟在中原地區因水利矛盾而發生戰爭。共工氏為炎帝的後裔，居九有（即九州）黃河中游河西地區（約在今河南輝縣境），位於顓頊部落聯盟的上游。

當時，黃河經常氾濫成災，禍及百姓。共工氏部落為了一己之利修築西岸河堤，將大水引至東部河堤。大水沖毀東岸河堤，殃及下游顓頊部落聯盟。顓頊以共工氏違反天意為由發起討伐共工氏的戰爭。雙方大戰於澶淵（今濮陽西）。最終共工氏因寡不敵眾而失敗，顓頊統一華夏。

顓頊統一華夏後，進行政治改革，藉以改變社會現狀，鞏固自己的統治。他在位七十八年，死時九十多歲。後人對顓頊的評價是：靜淵有謀，疏通知事，養材任地，載時象天。

顓頊子孫很多，最著名的當數屈原。屈原在著名的《離騷》一文中，開篇第一句便是「帝高陽之苗裔兮」，表明自己是高陽氏顓頊的後裔。

顓頊陵位於河南省內黃縣梁莊鎮，名為「二帝陵」。二帝陵，顧名思義，乃兩位帝王之陵。這裡是顓頊與帝嚳的合陵。顓頊陵居東，帝嚳陵居西，兩陵相距六十米。陵墓四周有圍牆，稱「紫禁城」。史書記載，二帝陵建築宏偉，碑碣林立，松柏蓊鬱。歷代帝王祭祀不絕，宋代以後列為定制。農曆三月二十八日為顓頊帝誕辰日，民間祭祀大張旗鼓，熱鬧非凡。後因黃河氾濫，風沙肆虐，到清朝同治年間，陵墓

和建築群全部被黃沙掩埋於地下。

　　1986 年以來，當地政府對二帝陵進行了三次大規模的清沙、鑽探和開發建設，原有的山門、宋井、廟宇、碑亭、陵墓、圍牆和多條甬道，相繼重見天日；挖掘出一百六十五塊御製祭祀碑，大量仰韶、龍山文化陶片及其他文物碎片。如今，二帝陵已成為河南省「省級文物保護單位」。每年農曆三月二十八日顓頊誕辰日，當地政府都隆重舉行盛大的公祭大典。

帝嚳

帝嚳是軒轅黃帝的曾孫，五帝之第三帝。相傳帝嚳生於窮桑（西海之濱），其祖父少昊，是軒轅黃帝與正妃嫘祖的大兒子，父親名蟜極，顓頊是其伯父。顓頊死後，帝嚳繼位。

帝嚳即位後，以亳（河南商丘）為都城，時年三十歲。因他興起於高辛，史稱高辛氏。傳說，帝嚳制定了四時節令。帝嚳見百姓耕作辛苦，效率很低，便根據天象，總結四季氣候變化規律，成功地創造了四時節令。他在位七十年，天下大治，人民安居樂業。帝嚳享壽一百零五歲，死後葬於辛。辛即河南省商丘市高辛鎮。

除河南省內黃縣的二帝陵外，河南省商丘市還有一座帝嚳陵。該陵始建於西漢年間，後經歷代重修，保存良好。陵前原有帝嚳祠、禪門等古建築，還有大量的碑刻。

帝嚳像

唐堯

帝唐堯，祁姓，名放勳，號陶唐，諡曰堯，故史稱唐堯。帝嚳之子，五帝之第四帝。傳說為陶唐部落長官，炎黃部落聯盟首領。道教尊奉的創世神之一。

陶唐部落為黃帝嫡裔，原居冀方（今河北唐縣附近），後遷晉陽（今山西太原）。堯出任聯盟首領後，又遷平陽（今山西臨汾）。相傳他活了一百十八歲，在位七十年。

唐堯的功績很多，後代耳熟能詳的有用鯀治水和禪位於舜。傳說，唐堯時期發生大洪水，民不聊生。唐堯便命鯀前去治水。鯀，一說是軒轅黃帝曾孫，與唐堯同輩；一說是天上神仙，偷了天帝的寶貝息壤，前來人間治水，後被天帝發現，派祝融將其殺死。無論鯀是人還是神，他並沒有制服洪水。

禪位於舜。舜在年輕的時候，就以孝順繼母聞名天下。堯帝當時正在為繼承人的事情發愁，便徵詢四方諸侯長老（四嶽）的意見。四嶽異口同聲地推薦了舜。要做堯帝的繼承人，必須娶堯帝的兩個女兒為妻。於是堯帝就用耕歷山、漁雷澤、陶河濱、作什器、跑生意等五種方法考驗舜。三年後，唐堯對舜的能力和品德均非常滿意，便將自己的兩個女兒娥皇、女英嫁給舜，然後禪位於舜。

司馬遷在《史記》中寫道:「堯曰:終不以天下之病而利一人,而卒授舜以天下。」對唐堯,孔子給予很高的評價:「大哉,堯之為君也。巍巍乎!唯天為大,唯堯則之。」後世人們建立堯廟堯陵,用以紀念唐堯。

山西省臨汾市有堯廟。該廟始建於晉代,歷經重修,現存為清代遺物。廟內有五鳳樓、堯井亭、廣運殿、寢宮等建築。廣運殿內塑有唐堯及侍者像。廟內存有碑十餘通,載唐堯功績及廟宇建造經過。清代皇帝非常重視堯廟,康熙帝、光緒帝和慈禧太后都曾巡幸此地。

堯廟東北有堯陵。堯陵始建於唐朝初年,經歷代重修,保存完好,現為全國重點文物保護單位之一。

唐堯像

虞舜

虞舜，姓姚，名重華，字都君，史稱虞舜。顓頊的六世孫，五帝之第五帝。虞舜的父親瞽叟是個盲人，其母握登在姚墟生下了他。他是道教尊奉的創世神之一。

關於虞舜，因年代久遠，典籍缺失，故其生平含有很多爭議。

1. 籍貫：

一說冀州，一說東夷。

2. 出生地：

其一，姚墟說。一說姚墟（河南濮陽）；二說餘姚（浙江餘姚）；三說浙江上虞。姚墟說比較認可浙江餘姚。

其二，諸馮說。一說為山東諸城；二說為山西臨汾。諸馮說比較認可山東諸城說。

3. 治都：

一說舜都蒲阪（山西平陽）；一說舜都潘城（河北逐鹿）。

4. 耕作之地：舜常年耕作之地歷山，究竟在何處？

一說：濟南市千佛山；

二說：山西省永濟市中條山；

三說：山西省沁水縣歷山；

四說：安徽省池州市歷山；

五説：山東省菏澤市鄆城縣歷山；

六説：浙江省永康市歷山；

七説：浙江省餘姚市歷山。

5. 捕魚之池：虞舜常年捕魚之地雷澤，究竟在何處？

一説：山東省菏澤東北；

二説：山西省永濟市南；

三説：甘肅省平涼地區；

四説：江蘇省太湖。

唐堯禪位於舜的故事，筆者前面已經説過。舜繼位後，其國號為「有虞」，故史稱虞舜。帝舜、大舜、虞帝舜、舜帝，皆虞舜之帝王號。他在位五十年，終年一百歲。

湖南省永州市九嶷山有舜帝陵。該陵始建於夏，是中國最古老的陵墓。到明朝初年，因久疏維修，舜帝陵已破敗不堪。2005 年 4 月，永州市政府籌資開始重新修復此陵。同年 9 月，工程告竣。

舜帝陵陵區由陵山、舜陵廟、神道及陵園組成，佔地六百餘畝，是全國重點文物保護單位之一。無獨有偶，山西省運城市也有一座舜帝陵。

運城舜帝陵始建於唐代。清嘉慶年間遭地震摧毀，後重修，保存至今。該陵亦是全國重點文物保護單位之一。兩座舜帝陵哪個是正宗的呢？

從史料上看，九嶷山舜帝陵佔有優勢。司馬遷在《史記》中記載虞舜「葬於江南九疑，是為零陵」。這裡的「九疑」

就是九嶷山。不過，從祖先崇拜的角度看，無論是九嶷山舜帝陵，還是運城舜帝陵，都值得後人祭拜。

天尊神

元始天尊

元始天尊，又名「太上盤古氏玉清元始天尊」，亦稱盤古大帝、玉京大天尊、太上道尊，是道教最高尊神「三清」的第一位神。「三清」是一個非常重要的道教概念，欲了解元始天尊，必須先明白甚麼是「三清」。

在道教神仙譜系中，最高的神為「三清」。

「三清」既指天神所居住的三處勝境：玉清聖境、上清真境、太清仙境，合稱三清境；又指分別居住於境的道教三位至尊神：元始天尊、靈寶天尊、道德天尊。其中，元始天尊是道教最高神祇，道教最尊崇的天神。那麼，他從何而來的呢？

相傳，盤古開天地後，神的軀殼已經褪去，但靈性尚存，飛翔在空中尋找歸宿。盤古忽然看到美貌的太元聖女，立即喜愛上她的貞潔。於是，盤古趁太元聖女仰天呼吸之際，變身化作一道青光投入其口。不久，盤古從太元聖女的脊骨之間生出。盤古告訴聖女：「我的前身是盤古，現在的稱號是元始。」聖女問：「甚麼是元始？」元始天尊回答：「元的意思是本。始的意思是最初、先天的氣息。這氣息化為開天闢地的人就是盤古；化為主持天界宇宙的始祖就是元始。」按照道教的說法，元始天尊就是創世主，他超度的都

元始天尊像

道家三清，《新刻出像增補搜神記》，明金陵唐氏富春堂刊本，明萬曆元年（一五七三）

是太上老君這樣的高級神仙。

南北朝時期道教經典《太玄真一本際經》這樣解釋元始天尊：「無宗無上，而獨能為萬物之始，故名元始；運道一切為極尊，而常處三清，出諸天上，故稱天尊。」明末清初學者徐道著《歷代神仙通鑑》（一名《三教同源錄》）稱元始天尊為「主宰天界之祖」。

據明末清初學者徐道著《歷代神仙通鑑》（一名《三教同源錄》）記載，元始天尊「頂負圓光，身披七十二色」，這是元始天尊的形象。四川省成都市青羊宮始建於周代，號稱「川西第一道觀」。宮內有三清殿，供奉元始天尊像。該像為貼金泥塑，高逾九米，堪稱精品。

靈寶天尊

靈寶天尊，又稱太上道君、上清靈寶天尊，原稱上清高聖太上玉晨元皇大道君。道教最高尊神「三清」的第二位神。南朝梁陶弘景編撰的《真靈位業圖》，將其列在第二神階之中位。

靈寶天尊，又稱太上道君。相傳，在宇宙未形成之前，靈寶天尊還是混沌狀態所生的「玉晨之精氣，九慶之紫煙」。後凝苞為元神，託胎母氏。元母懷胎三千七百年誕生了靈寶天尊，住在上清境的玄都玉京仙府。他有侍衛金童、玉女各三十萬人，萬神朝拜，超度之人不計其數。他對於好學向問之人，從不吝賜教。他有三十六變、七十二化，人們隨時隨地都可以看到他。這點和佛教的觀音菩薩很像，但其影響力遠不如觀音。他與觀音菩薩相同的都是普度眾生。

在道教的三清殿中，靈寶天尊常供奉在元始天尊的左邊，手持太極圖或如意。拜《封神演義》之賜，靈寶天尊還有一個老百姓耳熟能詳的名字 —— 通天教主。每年夏至，是靈寶天尊的聖誕日。這天，信眾們會將靈寶天尊供奉為主神。

道德天尊

道德天尊，又稱太清道德天尊、太上老君，居道教最高尊神「三清」的第三位，是道教初期崇奉的至高神。其原形為春秋時思想家、道家學派創始人老子，是依據老子的形象演化而來的。有關老子的內容，筆者將在「太上老君」一節中予以詳細介紹。

道德天尊，明代徽派版畫，選自《仙佛奇蹤》，此套大致為明萬曆三十年（一六〇二）序刊本

老子作為道教學派的創始人，為何屈居「三清」的末席呢？道教創立時，佛教在中國傳播不久。佛教有三世佛之說，即前世燃燈佛、現世釋迦牟尼佛、未來彌勒佛。而道教只有老子一人，競爭之下顯得勢單力孤，於是後世道教傳播者創造出來元始天尊和靈寶天尊。他們「一氣化三清」，將元始天尊與盤古結合在一起，使其成為道教第一神，讓其普度眾仙；讓靈寶天尊普度眾生。這樣太上老君老子就只能屈居道教第三神了。

14

玉皇大帝

玉皇大帝，全稱「昊天金闕無上至尊自然妙有彌羅至真玉皇上帝」，亦稱「玄穹高上玉皇大帝」，簡稱「玉皇大帝」或「玉皇」。他上掌三十六天，下握七十二地，天地之間，一切人鬼神怪，均由其掌握。

玉皇大帝如此能耐，他的出身也非常顯赫。據道教經典《高上玉皇本行集經》載，其為光嚴妙樂國的王子，捨棄王位，於普明香嚴山中，學道修真，輔國救民，度化群生，歷三千二百劫後，始證金仙，號曰清淨自然覺王如來，又經億劫，始證玉帝。

玉皇大帝這個稱呼是何時出現的，眾說不一。有的論者認為，唐朝以前沒有玉皇大帝的稱謂。但也有的論者認為，在六朝以前就有了玉皇大帝的稱謂了。到了唐朝，玉皇大帝的稱謂就很普遍了。比如，唐朝大詩人李白就寫詩道：「不向金闕遊，思為玉皇客。」唐朝詩人賦詩引用「玉皇」一詞，所在多有。

到了宋朝，玉皇大帝的地位有了空前的提高，達到了登峰造極的地步。據《宋史·禮志七》記載，宋真宗大中祥符八年（1015），皇帝趙恆「上玉皇大帝聖號曰太上開天執符御歷含真體道玉皇大天帝」。宋徽宗政和六年（1116），皇

帝趙佶又「上玉帝尊號曰太上開天執符御歷含真體道昊天玉皇上帝」。

玉皇大帝是道教權力最大的神，在道觀中都要供奉的。凡是玉皇閣、玉皇廟和玉皇觀，裡面都有玉皇大帝的造像。玉皇大帝的生日是農曆正月初九日，叫玉皇誕。這一天，道觀要舉行盛大的祝壽道場，慶祝玉皇大帝的誕辰。臘月二十五日是玉皇大帝的出巡日。據說，這一天玉皇要下界巡視考察人間的善惡禍福。道觀要舉辦道場，迎接玉皇的聖駕；民間也要接送玉皇。

雖然玉皇大帝很厲害，但在道教中，他仍居「三清」之下，是「三清」的輔佐神。「三清」有四位級別最高的輔佐神，又稱「四御」。他們是：玉皇大帝、紫微大帝、南極大帝、后土皇地祇。此外，道教還有「六御」說，即加上了天皇大帝和青華大帝。

玉皇大帝像

紫微大帝

紫微大帝，全稱為「中天紫微北極太皇大帝」，是道教輔佐神「四御」中的第二位神。紫微和北極均指北極星，北極星又稱北辰。北宋張君房著《雲笈七籤》認為：「北辰星者，眾神之本也。」意思是說，北辰星位於天之最中，永久不動，「故最高最尊為眾星之主也」。

紫微大帝從何而來呢？相傳，幾十億萬年前的龍漢初劫時期，周上御國的紫光夫人（即斗姆元君）於上春日到溫玉池沐浴。她剛剛脫去華裳，便感「蓮蕊九苞」，遂產下九子。紫光夫人將他們抱回宮中，撫養教育，誓要讓孩子們成為聖哲。九子亦不負母親期望，各自圓滿修行，終於成為棟樑，受到「三清」重用。其長子是天皇大帝，次子就是紫微大帝。至於餘下七兄弟，則是北斗星君。

紫微大帝是道教神系中僅次於「三清」和玉皇大帝的高位神。不過，如果按「六御」算的話，其兄天皇大帝排名在紫微大帝前一位。紫微大帝的生日是農曆四月十八日。每到這天，信眾便會主祀他，祈求消災納福。隨着民間對紫微大帝信仰的不斷加深，他又成了跨界神，即佛道兩教均供奉紫微大帝。明代，紫薇大帝被納入佛教神仙譜，成為「二十四天」之一。

南極大帝

南極大帝，全稱為「勾陳上宮南極天皇大帝」。勾陳，又稱「鈎沉」。這是一顆壽星，所以民間又稱南極大帝為「南極仙翁」「南極老人星」。南極大帝是道教輔佐神「四御」中的第三位神，其出身更是顯赫。

相傳，南極大帝是元始天尊的長子。元始天尊自玉京下山遊玩，與太元聖母相遇，結為夫妻。倆人共育八子，長子就是南極大帝。南極大帝一身三名，即南極長生大帝、九龍扶桑日宮大帝、高上神霄玉清王。他看到世間眾生之苦難，心生憐憫，便向父親元始天尊討教解救三界之術。元始天尊即授給他《高上神霄玉清真長生護命秘法》。從此，南極大帝成了長壽和身體健康的守護神。

南極大帝的誕辰日是農曆五月初一日。

南極長生大帝

南極大帝像

后土皇地祇

后土皇地祇，全稱是「承天效法厚德光大后土皇地祇」，是道教輔佐神「四御」中的第四位神。她是主宰大地山川的女性神。人們常說的「天公地母」，天公是玉皇大帝，后土皇地祇就是地母。

后土最早是做甚麼的？典籍說法不一，大體有三種說法：一是炎帝的後裔；二是黃帝的輔佐；三是幽都的主宰。

第一說，炎帝的後裔。《山海經·海內經》記道：「炎帝之妻，赤水之子聽沃生炎居，炎居生節並，節並生戲器，戲器生祝融，祝融降處於江水，生共工……共工生后土。」是說炎帝傳至六代到共工。共工是古代神話傳說中的水神，人面、蛇身、朱髮。共工生下了后土。也就是說，后土是炎帝的七世孫。

第二說，黃帝的輔佐。《禮記·月令》記道：「中央土，其日戊己，其帝黃帝，其神后土。」西漢劉安著《淮南子·時則》：「中央之極，自崑崙東絕兩恆山，日月之所道，江漢之所出，眾民之野，五穀之所宜，龍門河濟相貫，以息壤堙洪水之州。東至於碣石。黃帝、后土之所司者萬二千里。」根據這個記載，黃帝和后土，不僅是同時代的夥伴，而且是

親密的搭檔。黃帝是帝王，后土是靈魂。他們的職司是掌管廣袤大地。這塊廣袤的大地，西至高聳的崑崙，東到浩瀚的大海，約一萬二千里。碣石是海洋的標誌。

第三説，幽都的主宰。《楚辭・招魂》記道：「魂兮歸來，君無下此幽都些。」王逸註：「幽都，地下后土所治也。地下幽冥，故稱幽都。」幽都，指陰間。是説后土是陰間的主宰。

以上三説，似乎第二説得到了發展。

后土皇地祇最初的形象是男性。《國語・魯語》記載：「共工氏之伯九有也，其子曰后土，能平九上，故祀以為社。」這是説，共工氏有子，名后土，是地神。還有一種説法，認為后土皇地祇是顓頊之子。《山海經》甚至將后土皇地祇寫成夸父的爺爺。隋代以後，后土皇地祇開始以女性神仙形象出現。民間尊其為「后土娘娘」，將其供奉在后土祠中。

山西省萬榮縣西南四十公里處廟前村的汾陰后土祠（秋風樓），是神州大地上最古老的后土娘娘廟。古代帝王即位，都要郊祀社稷。萬榮后土祠，是明以前歷代帝王祭祀后土的廟宇。后土祠是海內祠廟之冠，北京天壇之源。它作為華夏根祖文化的源頭，已越來越顯現出其深邃的歷史文化內涵。

據祠中保存完好的《歷朝立廟致祠實跡》碑記和《蒲州府記》記載，「軒轅氏祀地祈掃地為壇，於睢上，二帝八員

有司，三王歲舉」。是說在四千多年前的軒轅氏時，在睢水岸邊，掃地築壇，選擇吉日良辰，二帝三王八大員出席，舉行了隆重的祭祀后土的典禮。

據北宋司馬光主編的《資治通鑒》記載，汾陰后土祠正式建廟，始於漢文帝後元年（前163）。漢代祭祀后土形成了制度，每三年皇帝都要來這裡舉行一次大祭。漢文帝創建了秋風樓，以示尊崇。漢武帝劉徹，東嶽封禪，汾陰祀土，並於漢武帝元鼎四年（前113）擴建汾陰后土祠，改廟為祠，定為國家宗祠，作為巡行之地。他一生曾八次祭祀后土，規模巨大，儀式崇隆，並創作了膾炙人口的千古絕賦《秋風辭》。據傳，漢武帝劉徹巡視河東祭祀后土廟時，正值晚秋，於是在汾河舟中歡宴群臣，慷慨高歌，寫下了《秋風辭》。漢昭帝、漢宣帝、漢元帝、漢成帝、漢哀帝和東漢光武帝等先後來此祭祀達十一次之多。

唐時，唐玄宗李隆基於開元年間（713—742），三次來此祭祀，並擴建祠廟。宋真宗趙恆大中祥符四年（1011），也來此祭祀。為彰顯對這次祭祀活動的重視，他還撥款對后土祠進行精心修葺。明萬曆年間，因黃河氾濫，后土祠陷入黃河。經先後兩次遷建，又均被黃河吞沒。現存建築是清穆宗同治九年（1870）新選廟址重建。明清時皇帝祭祀后土的儀式，遷至北京天壇。

清世祖順治十二年（1655）黃河氾濫，后土祠淹沒，只留下門殿及秋風樓。清聖祖康熙元年（1662）秋，黃河決口，

后土祠蕩然無存。

清穆宗同治九年（1870），榮河知縣戴儒珍將此祠移遷於廟前村北的高崖上，這就是現在的后土祠。廟內現存建築有山門、井台、獻殿、香亭、正殿、秋風樓、東西五虎配殿等，建築宏偉，結構精巧。后土娘娘塑像，位居大殿正中，供人們膜拜瞻仰。山門與井台組成國內罕見的品字形戲台，對研究中國古代舞台形制提供了重要例證，具有極高的歷史藝術價值。

位於祠的最後處的是秋風樓，因藏有元世祖至元八年（1271）鐫刻的漢武帝《秋風辭》碑而得名。憑河而立，崇峻壯麗。樓分三層，磚木結構，十字歇山頂，高 32.6 米。底部築以高大的台階，東西貫通。其上各雕橫額一方，東曰「瞻魯」，西曰「望秦」。正面門額嵌有《漢武帝得鼎》和《宋真宗祈祠》石刻圖，線條流暢，形象逼真。

據劉敦楨主編的《中國古代建築史》載，北宋后土祠是按照最高標準修建的，與文獻所載北宋東京宮殿大致相同。北京故宮在建築佈局和技法上，繼承了萬榮汾陰后土祠的建築特點。

現存的后土祠，成為民間祭祀的廟宇。其規模雖不及唐宋時之壯觀，但其佈局嚴謹完整，仍為國內后土祠廟之冠。近年各界人士，尋根問祖，祭祀后土，絡繹不絕。農曆三月十八日是其誕辰日，信眾在當天主祀后土皇地祇，以求賜福消災。

后土皇地祇像

18

太上老君

太上老君是道教對老子的尊稱，中國歷史上確有其人。據西漢司馬遷所撰《史記》記載，老子姓李，名耳，字聃，是道家學派的創始人。

據《史記‧老子韓非列傳》，老子是著名學者，曾經擔任周王朝的守藏室史，相當於現今的國家圖書館或博物館館長，當時就是一位大師級的名人。孔子很欽佩他，曾經向他問過古禮。後來，因為周室內亂，老子辭職，漫遊到函谷關。函谷關的關長尹喜是一個虔誠的道家，對老子非常敬佩，請老子著書立說，老子就寫下了《老子五千文》，亦稱《老子》《道德經》。

老子被神話始於東漢年間。益州太守王阜作《老子聖母碑》云：「老子者，道也。乃生於無形之先，起於太初之前，行於太素之元，浮游六虛，出入幽冥，觀混合之未別，窺濁清之未分。」就這樣，老子被逐漸神化了。

此後，老子的出生亦被神化。據說，老子降生時恰巧看到一棵李樹，他「生而能言」，指着李樹說：「這棵樹就是我的姓了！」

老子的相貌也被神話了。東晉葛洪著《神仙傳》說：「（老子）身長八尺八寸，黃色美眉，長耳大目，廣額疏齒，

方口厚唇。」老子的耳朵不僅長，而且還「耳有三漏」，即是說，他每個耳朵上有三個孔。這表明老子耳聰目明，可以眼觀六路，耳聽八方。東漢名著《白虎通‧聖人》說：「禹耳三漏，是謂大通。」可見，老子的耳朵與大禹的耳朵如出一轍，均有神通。

神話了的老子被一個人相中了，他就是張道陵。東漢順帝時（126—144），張道陵在巴蜀鶴鳴山創立五斗米道。據傳，張道陵在傳教佈道時作的《老子想爾注》稱：「一散形為氣，聚形為太上老君，常治崑崙，或言虛無，或言自然，或言無名，皆同一耳。」老子首次在道書中被命名為太上老君。從此，老子被神化為道教教祖，長期受到教徒的尊奉。

唐朝對老子的崇拜達到了極點。唐朝皇帝姓李，對本家姓李的老子格外關注。皇帝欲坐穩江山，就必須想方設法杜撰君權神授的神話。唐朝皇帝尊道教為國教，道教的地位得到極大的提高。唐太宗推崇《道德經》。唐高宗、唐玄宗又先後為老子加封尊號，推為宗室遠祖。

太上老君的尊崇在道教中具有極為特殊的地位。各地太清宮、老君殿等道教觀宮均是供奉太上老君之所。其中，陝西省周至縣的樓觀台尤為特殊。

老子像

周至縣的樓觀台已經有 3000 年的歷史，是老子著書立說、傳道講經的道教發祥地，被稱為仙都。這裡現在已經建成了國家森林公園，供遊人觀瞻。此地素有「天下第一福地」「洞天之冠」之美譽。這裡的道教遺跡十分豐富，有說經台、化女泉、繫牛柏、老子墓、宗聖宮等。說經台大殿有三尊塑像，中間的是老子，兩側的是尹喜和徐甲。徐甲是個不安分的弟子。離說經台不遠處，有化女泉，傳說是老子考驗徐甲時，氣憤地用鐵棒猛然捅地而成。說經台西北處有一棵古柏，傳說是當年老子騎牛入關時，拴繫青牛的樹木，叫繫牛柏。而老子墓則在化女泉以西三公里處，墓塚呈橢圓形，高四米，佔地二十平方米。古時，此處有吾老洞道觀，據說藏有老子頭骨，如今已蕩然無存。

王母娘娘

王母娘娘，又名王母、金母、西姥、西王母。中國古代神話中的女神。明洪應明著《仙佛奇蹤》卷一記載：「西王母，即龜台金母也。得西華至妙之氣，化生於伊川。姓緱，諱回，字婉妗。配位西方，與東王公，共理二氣，調成天地，陶鈞萬品。凡上天下地女子之登仙者，咸所隸焉。」就是說，西王母，名緱回，字婉妗；生在伊川。

還有一說，認為王母娘娘是元始天尊之女。據東晉葛洪著《枕中書》載，元始天尊與太元聖母通氣結精，生九光真王母，號曰太真王母，即西王母。

西王母的形象和地位有過三次重大變化。她的形象一次比一次漂亮，地位一次比一次顯赫。

第一個形象，《山海經》云：「其狀如人，豹尾虎齒，善嘯，蓬髮戴勝。」即是說，王母長得像人，有一口虎牙，一條豹尾，善於吼叫，頭髮散亂，戴着頭飾。這是個半人半獸的形象。據說是職掌瘟疫、刑罰的怪神。

第二個形象經文人的增飾，其形象和地位都有很大變化。在晉朝文學家郭璞所著的《穆天子傳》裡，成為一個與人間天子同席飲宴，雍容平和的女王。她和周穆王酬酢賦

詩，應答自如。這裡的西王母已經擺脫了獸氣，變成了一個天仙。

第三個形象，在東漢文學家班固撰寫的《漢武帝內傳》一書中，王母娘娘則成為年約三十、容貌絕世的女神。有的書上說，西王母「若十六七女子」。西王母有大群仙姬隨侍，並受人間漢武帝禮拜。西王母又擁有了長生不死的長壽藥，還得到了三千年結一次果的蟠桃。她的地位躍進了一個大台階。西王母把獨一無二的蟠桃賜給了漢武帝，漢武帝受寵若驚。

在唐末道教學者杜光庭所著的《墉城集仙錄》裡，西王母更成為掌管女仙名籍的神仙領袖。世之升天之仙，「其升天之時，先拜木公，後謁金母。受事既訖，方得升九天，入三清，拜太上，覲元始天尊。」

文人又給西王母初期的形象平反，討好地說：「蓬髮戴勝，虎齒善嘯者，此乃西王母之使，金方白虎之神，非王母之真形也。」說那個半人半獸的傢伙，不是王母，而是王母的使者。

因《漢武帝內傳》裡有王母賜蟠桃給武帝的情節，後世小說、戲曲多據此，衍為西王母設蟠桃盛會的故事。每當蟠桃成熟時，西王母大開蟠桃壽宴，諸仙都來為她上壽。《淮南子》《搜神記》等又有「羿請不死之藥於西王母，姮娥竊以奔月」的記載，故舊時民間又視西王母為長生不死的象徵。

最近，一些學者提出了全新的見解，認為王母娘娘歷史上確有其人，是部落的女酋長。考古學者甚至找到了西王母當年的住處。青海省天峻縣西南二十公里處，有一座獨立的小山。山的西側有一個深幾十米的山洞，據學者考證，這是五千多年前西王母古國女首領的居所。石洞內有千姿百態的岩畫，以及過往僧道題寫的經文和繪畫的經畫。石洞的對面曾建有西王母寺，現已坍塌損毀，不見蹤影。

　　王母娘娘的出道日是農曆三月初三日，誕辰日是農曆七月十八日。

王母娘娘像

20

三官大帝

三官大帝，即上元一品天官賜福大帝，中元二品地官赦罪大帝，下元三品水官解厄大帝。他們在民間能夠家喻戶曉，應該感謝五斗米道。

五斗米道以三官大帝為信仰。張道陵創立五斗米道後，一方面尊老子為教祖，傳授老子《道德經》；另一方面以天、地、水為三官，信其能通鬼神，主管病人請禱。請禱方法主要見於西晉陳壽著《三國志‧張魯傳》載：「書寫病人姓名，說服罪之意，作三通，其一上於天，著山上；其一埋於地；其一沉於水，謂之三官手書。」認為三官能為人賜福、赦罪、解厄，即天官賜福、地官赦罪、水官解厄。明朝文學家羅貫中在《三國演義》第五十九回介紹太守張魯時，就詳細敘述了其祖張道陵宣揚三官敬仰之事。此後這種信仰一直盛行到唐代。

三官大帝的出現源於原始宗教對天、地、水的自然崇拜。天上有雲有雨有雪有日月星辰，地下有山有土有鳥有人畜草木，水中有魚有蝦有龍有江河湖海，這些都與人類的生活息息相關。三官大帝代表它們，受到人們的信仰也就不足為怪了。

有關三官的來歷，還有如下的傳說。據《三教源流搜神大全》記載，昔日有美男子陳子壽，被龍王三個女兒愛慕，

遂三女同嫁陳子壽為妻。婚後，三女各生一子，他們都神通廣大，法力無邊。於是，元始天尊封長男為上元一品九氣天官紫微大帝；次男為中元二品七氣地官清虛大帝；三男為下元三品五氣水官洞陰大帝。

此說將三官大帝的誕辰日與「三元節」聯繫在一起。三元節是中國傳統節日，即正月十五日上元節；七月十五日中元節；十月十五日下元節。與此相對應，天官大帝誕辰日為農曆正月十五日，地官大帝誕辰日為農曆七月十五日，水官大帝誕辰日為農曆十月十五日。因此，又稱三官為「三元大帝」。信仰三官者，在三元節要進素齋，稱為「三官素」。每逢三元節，人們都要到廟宇懺悔罪過，祈福免災。

三官大帝像

第三章

星宿神

21

斗姆元君

斗姆元君，道教信奉的女神。傳說是北斗眾星之母，因此稱斗姆元君。簡稱「斗姆」，又作「斗母元君」或「中天梵氣斗母元君」。

前面我們已經了解到，斗姆元君是天皇大帝和紫微大帝的母親。我們也知道斗姆元君即紫光夫人共育九子，那麼，其他七子都是誰呢？這七子為：貪狼、巨門、祿存、文曲、廉貞、武曲、破軍。這七子就是北斗七星，即北斗星君。所以，斗姆元君也被稱為眾星之母。

道教宮觀常建斗姆室、斗姆閣，供奉的斗姆都是三目、四首、八臂。這個形象與佛教中二十諸天之摩利支天很相近。那也是位三目八臂的神仙。這也是佛道文化融合之例證。

其聖誕是農曆九月初九日。信眾要去斗姆宮、斗姥閣、元辰殿祭拜，祈求福壽增延。

斗姆元君像

五斗星君

五斗星君是道教敬奉的五位尊神，即北斗星君、南斗星君、東斗星君、西斗星君和中斗星君的合稱。

北斗星君有七宮，主掌解厄延生；南斗星君有六宮，主延壽；東斗星君有五宮，主掌計算保命；西斗星君有四宮，主掌紀名護身；中斗星君有三宮，主掌保命。可見，北斗星君宮數最多，也最主要。

因為筆者隨後將詳細介紹北斗星君和南斗星君，故在此主要介紹餘下三位星君，即東斗星君、西斗星君、中斗星君。

東斗星君主掌計算保命，計五宮：第一宮蒼靈延生星君，第二宮陵延護命星君，第三宮開天集福星君，第四宮大明和陽星君，第五宮尾極總監星君。

西斗星君主掌紀名護身，計四宮：一宮白標星君，二宮高元星君，三宮皇靈星君，四宮巨威星君。

中斗星君曰大魁，主掌保命，計三宮：第一宮赫靈度世君，第二宮斡化上聖星君，第三宮衝和至德星君。

關於五斗星君的作用，道書《太上洞弦靈寶無量度人上品妙經》載：北斗落死；南斗上生；東斗主冥；西斗紀名；中斗大魁，總監眾靈。其實，天上有北斗、南斗，並無東斗、西斗、中斗等星宿，它們不過是道教杜撰的而已。

北斗星君

北斗星君又稱斗齋星神、北斗真君、七斗齋星君及北斗七元星君。北斗星君是斗姆元君的兒子，天皇大帝和紫微大帝的弟弟，出身高貴。

北斗星君有七宮，即第一宮天樞星，陽明貪狼星君；第二宮天璇星，陰精巨門星；第三宮天璣星，真人祿存星君；第四宮天權星，玄明文曲星君；第五宮天衡星，丹元廉貞星君；第六宮開陽星，北極武曲星君；第七宮搖光星，天衝破軍星君。

有道教說，北斗星君常與三官大帝一起巡遊四方，調查人世和陰間的功過善惡。如發現犯惡者，三官大帝就會報告北斗星君，並將犯人收入地獄，永遠囚於苦海之中。後來因為有東嶽大帝和酆都大帝的說法，北斗星君的執掌便發生一些變化，成為專管死亡的司命神。東晉干寶著《搜神記》載明：「南斗注生，北斗注死。」其義是南斗星君管理眾生壽祿健康；北斗星君負責眾生死喪。如果虔誠信仰北斗星君，便能長生不死，成仙升天。

北斗星君像

南斗星君

南斗星君，與北斗星君並稱，是道教中重要的天神。他歸南極大帝直管，故亦負責人間壽祿之事。

南斗星君有六宮，即南斗六星。《星經》說道：「南斗六星，主天子壽命，亦主宰相爵祿之位。」他們是第一宮天府星，司命星君；第二宮天相星，司祿星君；第三宮天梁星，延壽星君；第四宮天同星，益算星君；第五宮天樞星，度厄星君；第六宮天機星，上生星君。

有個南斗星君度人長壽的故事，流傳很廣。相傳，三國時魏國有個叫管輅的術士，最會相面。一天他見到顏超，一看他的臉上「主妖氣」，知道將不久於人世。顏超是個十九歲的小伙子，其父一聽很着急，忙叫管輅想辦法。管輅對顏超說：「你回家後趕緊準備一罈好酒，一盤燒鹿肉。卯日那天，你到割麥地南頭的大桑樹下，那裡有兩個老翁下棋，你千萬別說一句話，如此你就有救了。」顏超依言而往，果見二位老翁下棋。顏超只斟酒添肉無語。一會兒北邊那人問道：「你在幹甚麼？」顏忙跪下，不語。這兩位老翁剛才吃了他的酒肉，也得幫個忙。南邊的那個老翁拿文書看了看對顏超說：「讓你活到九十歲。」顏大喜叩拜而歸。果然，

顏超活了九十歲。南邊的老翁就是南斗星君。可惜，這個故事有個敗筆。

管輅在歷史上確有其人，但他自己僅僅活了四十八歲。如此會相面且能為別人延壽的術士，為何沒幫自己呢？

道教有《太上說南斗六司延壽度人妙經》，即《南斗經》。

南斗星君像

太白金星

讀過《西遊記》的朋友都會記得太白金星，一位神通廣大且和藹可親的神仙。這是一位白鬚長者，手持拂塵，神態鎮定，言語穩重。

太白金星，就是金星，即太陽系中接近太陽的第二顆行星。《詩經‧小雅‧大東》吟道：「東有啟明，西有長庚。」這是説，金星早晨出現於東方，稱「啟明星」；黃昏出現在西方，稱「長庚星」，又稱「太白星」。金星被道教賦予神秘力量後，就成為「太白金星」了。

太白金星最初是以女性形象出現的。太白金星最初的形象是穿着黃裙、頭戴雞冠、身材婀娜、演奏琵琶的女性神。明代以後，太白金星完全轉變成為男性形象，且為一老者。明代文學家吳承恩的小説《西遊記》的流行，更讓太白金星的慈祥男性老者形象深入人心。

太白金星亦稱「白帝子」，顧名思義，就是白帝的兒子。道教五方五老天君，為司掌東西南北中五個方位的神仙。其中，掌管西方的名叫西方白帝皓靈皇老七炁天君。這位神仙就是太白金星的父親。

真武大帝

去過湖北省武當山的朋友一定會對真武大帝印象深刻，沒錯，他是當地供奉的主神。了解真武大帝，須從他的名字開始。

真武大帝的名字很多，全稱真武蕩魔大帝，其他還有玄天上帝、玄武大帝、佑聖真君玄天上帝、無量祖師、鎮天真武靈應佑聖帝君、真武帝君、蕩魔天尊、報恩祖師、披髮祖師等。真武大帝的名字是一多，他還有一多，即出身說法多。

關於真武大帝的身世，有人認為他是龜蛇複合為一人後形成真武神；還有人認為他是大禹的父親鯀；更有人認為他是黑帝玄武；第四種說法認為他是形如龜蛇的北方七宿；第五種說法認為他是元始天尊的化身；第六種說法認為他是玉皇大帝的分身。此外還有一些說法，不一一列出了。

從上述說法中，我們不難看出，龜蛇二字多次出現。這是因為真武大帝的信仰源於古代的星辰崇拜和動物崇拜。中國古代將天體分為二十八宿，共四組，分別以四靈來命名，即東方青龍、南方朱雀、西方白虎、北方玄武。

北方玄武被認為是真武大帝的出處，玄武都是甚麼呢？《楚辭》解釋說：「玄武謂龜蛇，位在北方，故曰玄，身

真武大帝像

有鱗甲，故曰武。」南宋思想家朱熹在《朱子語類》中說得更直接：「玄，龜也；武，蛇也。」就是說，玄武就是龜蛇合體、龜蛇纏繞的意思。

玄武怎麼改稱真武的呢？玄武在進入道教的初期，其在神系中的地位並不重要。他只是一個護衛神。後來逐漸將其人格化，成為道教的大神。宋真宗（997—1022 年在位）時期，將趙姓始祖命名為趙玄朗，並尊為宋聖祖。為避趙玄朗的名諱，玄武就改名為真武了。

真武大帝的崛起是在明朝。明初，燕王朱棣發動「靖難之變」，奪取王位，是為明成祖。政變過程中，真武大帝屢次顯靈，幫助朱棣。因此，朱棣稱帝後，特加封真武為「北極鎮天真武玄天上帝」，在武當山天柱峰頂修建「金殿」，供奉真武大帝神像。

真武大帝的誕辰日是農曆三月初三日，飛升日是農曆九月九日。

文昌帝君

文昌帝君，亦稱文昌星、文星。他是中國古代學問文章、科舉士子的守護神，主宰功名利祿的道教神仙。文昌帝君是五文昌之首。

所謂五文昌，亦稱五文昌夫子、五文昌帝君，是主管文運的五位道教神仙。他們是文昌帝君、魁星星君、朱衣神君、純陽帝君、文衡帝君。

俗語說：北孔子，南文昌。可見，文昌帝君盛行於中國南方。確實，說到文昌帝君，就不得不提到一個人和一個神。人叫張亞子，神是梓潼神。

西晉年間，四川省梓潼縣有個孝子名張亞子，帶兵打仗，不幸為國捐軀。當地百姓佩服其為父母盡孝，為國盡忠，便立祠祭祀他。久而久之，張亞子成了梓潼當地的梓潼神，該祠變成了梓潼神廟。這是一座小廟，本不見經傳，但安史之亂令其命名轉變。

安史之亂發生，唐玄宗李隆基被迫避難四川梓潼。梓潼神顯靈在路上迎接，李隆基大喜，封梓潼神為左丞相。一百多年後，唐僖宗李曄因亂亦避難四川，梓潼神再次顯靈救駕。唐僖宗李曄大喜，封梓潼神為濟順王。由於兩代唐朝皇帝的青睞和推崇，令小小的梓潼神迅速從地方神變成全

國神。但僅有皇帝的追捧還不夠，梓潼神畢竟來自小地方，需要包裝包裝。

宋元道士負責包裝梓潼神。宋元道士假託梓潼神降筆，寫了一篇《清河內傳》，説梓潼神生於周初，後來經過七十三代，西晉末託生為張亞子降生在四川，後成為梓潼神，並説玉皇大帝命他掌管文昌府和人間祿籍。元仁宗延祐三年（1316），皇帝愛育黎拔力八達加封其為「輔元開化文昌司祿宏仁帝君」，梓潼神與文昌星從此合二為一，也就是今天的文昌帝君。

有人會問，文昌帝君和文曲星是不是同一個神呢？答案：不是。文曲星是北斗星君之一，是天皇大帝和紫微大帝的弟弟，是斗姆元君的兒子，其地位遠遠高過文昌帝君。不過，文昌帝君雖然出身較低，但其信眾卻一點兒也不少。文昌宮、文昌祠和文昌閣等，過去曾遍佈全國各地，僅北京城內就有十來座。

四川梓潼縣城以北有座七曲山。山上有座著名的文昌宮，當地人又叫它「大廟」。這是全國文昌宮的祖廟，裡面供奉着主管人間功名利祿的文昌帝君。這座文昌宮的前身是「亞子祠」，是為了紀念西晉的張亞子而修建的。

大廟的名字是怎麼來的呢？明朝末年，張獻忠領兵入川，路過這座文昌宮，他見廟內供奉的是文昌君張亞子，便説：「你姓張，咱也姓張，咱與你聯了宗吧。」他就把文昌宮改成了「太廟」。「太」與「大」相通，這裡便又被叫做「大

廟」了。張獻忠還讓人在廟裡塑了他的一尊坐像。張獻忠失敗後，他的這尊坐像被搗毀。

　　大廟有宮殿樓閣二十餘處，主要有桂香殿、天尊殿、關聖殿、文昌殿、大悲樓等。建築依山取勢，高低錯落，宏偉壯觀。大廟裡鐵鑄群像最為著名，其中最大的是文昌帝君神像，高達一丈四尺，重約六百斤。神像兩側為文昌帝君的侍童，左側為天聾，右側為地啞。

文昌帝君

28

魁星星君

魁星星君，本叫奎星，亦稱魁星。他是中國古代神話中主宰文章興衰的神。魁星星君的來歷，先輩學者多有闡發。

清朝著名學者顧炎武《日知錄》卷三二「魁」條：「今人所奉魁星，不知始自何年。以奎為文章之府，故立廟祀之。乃不能像奎，而改奎為魁。又不能像魁，而取字之形，為鬼舉足而起其斗。」

這是說，現在尊奉魁星星君的習俗，不知是從甚麼時候開始的。人們把奎星作為讀書人文采的淵源，因此設立寺廟祭祀他。但是，奎星的「奎」字終究不像為首的形狀，所以把「奎」字改為「魁」字，叫魁星。因為「魁」字，具有為首的、第一的含義。然而，魁星星君還是沒有具體的形象，就按照「魁」字的形狀，塑成了一個抬起腳、舉着斗的鬼的形狀。這就是魁星星君的來歷。

魁星星君的具體形象是怎樣形成的呢？究其實，是按照「魁」字的模樣衍化塑成的。「魁」字是由偏旁「鬼」和「斗」合成的字。有人說是「鬼搶斗」，也有人說是「鬼之腳右轉，如踢北斗」。好事者就塑成一個赤髮藍面惡鬼的形象。這個惡鬼，左手緊緊捧着一隻笨重大斗，說明他在摘取魁斗；右

手狠狠握着一支如椽大筆，表示他在用筆點定中試者；左腳向後蹺起如「鬼」字的大彎鈎，似在表示魁星星君踢斗；右腳穩穩地踏在巨龜的頭上，取獨佔鰲頭之意。這就是所謂「魁星點斗，獨佔鰲頭」了。

魁星星君掌握着文人的運數，讀書人自然要悉心供奉他。平時燒香祭祀自不必説，就連考試時，也要懷揣魁星星君像，以求順利過關。

過去魁星樓、魁星殿遍佈全國各地，至今尚有部分留存。現在最著名的魁星像，是雲南昆明西山龍門之上的石魁星。跨進凌空而立的龍門石坊，映入眼簾的便是達天閣石殿。這裡是龍門制高處，山勢巍峨，令人屏息。石殿依天然崖壁，順山依勢，向內鏤空鑿成，殿內正中供奉手持點斗巨筆、獨佔鰲頭的魁星神像。像高三尺有餘。兩旁是文昌、關帝像。要説明的是，文昌和關羽的品級和地位，都要高於魁星。不知此殿為甚麼弄顛倒了。這也證明，神仙的排序，不如人間的嚴格。

廣西壯族自治州有一座魁星樓，又稱文筆塔，很有特色，是賀州市古代文人學士崇拜的象徵性建築物，建於清朝乾隆五年（1740）。塔高五層共二十七米，塔身呈六角形，塔體用大青磚砌身，表面卻呈紅色，上蓋綠色琉璃瓦，門額浮堆黑色「魁星樓」三個大字。此樓具有很高的歷史價值和藝術價值，屬自治區重點保護文物之一。

第四章

遊仙神

八仙

八仙是道教尊崇的八位神仙，後來演變成了民間尊崇的喜慶歡樂神。八仙的稱謂，原來並沒有固定下來。直到明代作家吳元泰撰寫的神魔小說《上洞八仙傳》（又名《八仙出處東遊記》）問世並流行，以後八仙的稱謂才固定下來。他們是：李鐵拐、鍾離權、呂洞賓、張果老、藍采和、何仙姑、韓湘子、曹國舅。他們先後得道，位列仙班。他們的故事個個生動精彩，膾炙人口。其中，最著名的要數八仙過海了。

八仙赴王母娘娘蟠桃大會，喝得酩酊大醉。辭謝王母娘娘後，趁着酒興，各履寶物浮渡東海。東海龍王之子摩揭，看中了藍采和渡海的大拍板，頓起貪心，搶奪大拍板，虜獲藍采和。這引起其他七仙的不滿，從而展開一場大戰。最後八仙將摩揭殺死，火燒東海。東海龍王向玉皇大帝告狀，玉皇大帝不分青紅皂白，下令派天兵捉拿八仙。八仙據理力爭，並同天兵開戰。天兵亦被八仙打敗。後來，觀音菩薩、如來佛和太上老君從中斡旋和解，遂各自罷兵而歸。八仙過海的故事，表現了八仙不畏強權的英勇鬥志和相互支援的團結精神。

八仙過海，各顯神通。小說對八仙過海的描寫極富想像力。小說寫到：卻說八仙來至東海，停雲觀望。只見潮

頭洶湧，巨浪驚人。洞賓言曰：「今日乘雲而過，不見各家本事。試以一物投之水面，各顯神通而過如何？」眾曰：「可。」鐵拐即以鐵拐投水中，自立其上，乘風逐浪而渡。鍾離以拂塵投水中而渡，果老以紙驢投水中而渡，洞賓以簫管投水中而渡，湘子以花籃投水中而渡，仙姑以竹罩投水中而渡，藍采和以拍板投水中而渡，國舅以玉版投水中而渡。八仙過海，各自擁有自己的渡海神器。

　　為祭祀八仙，全國建過很多八仙宮，其中最著名的在西安。西安八仙宮，又稱八仙庵，在西安市東關長樂坊。初建於宋朝，是西安最大的道教廟觀。1900 年，為逃避八國聯軍的侵犯，慈禧太后從北京逃到西安，曾經駐蹕八仙宮。後來，慈禧太后捐助一千兩白銀，增建修繕八仙宮，並敕封此廟為「西安東關清門萬壽八仙宮」。

30

李鐵拐

李鐵拐，本名李玄，又稱鐵拐李、李凝陽、鐵拐先生等，為八仙之首，在中國民間很有影響，口碑甚好。歷史上並無其人，他的形象完全由民間創造。所謂鐵拐實際上是他的法器——鐵拐杖。

關於李鐵拐修真成道的傳說，民間有多個版本。明朝作家吳元泰的神魔小說《上洞八仙傳》對此做了藝術的描寫，流佈很廣。李鐵拐原來質非凡骨，學有根底，狀貌魁梧，心神宣朗。他年方弱冠，就識破玄機，看破紅塵，一心修道。於是，他告別親友，進入深山，穴居洞中，拔茅為席，服氣煉形。數載過後，他聽說太上老君李耳是宗姓之仙祖，在華山論道，就決心到華山去拜見太上老君，求師修道。

太上老君和另一位神仙宛邱，在華山修真論道。一日，太上老君對宛邱說：「我觀看仙錄，李鐵拐想成道，今天要來問道。」於是派兩個小童到山下去迎接。李鐵拐見到小童，知道太上老君派人接他，心中高興。他先見老君，次見宛邱，感到終於見到了天上神人，非常激動。同時，又聽到了二仙的高論，心花頓開，塵情冰釋。

不久，李鐵拐懷着得道的興奮心情，回到了岩穴深林，繼續修煉。一日，太上老君、宛邱駕鶴而來，邀請他十日後

明《礦劍圖》中的李鐵拐

同遊西域諸國，李鐵拐爽快地答應了。十日後，臨赴約之前，李鐵拐對徒弟楊子説：「我要出神了，赴太上老君之約去華山。我的魂已走，留魄在此。如果遊魂七日不返，就可以將我的魄焚化。如果未滿七日，就要好好地守住我的魄。記住，千萬不要違背我的話。」説完，李鐵拐就靜坐遊魂而去。

卻説楊子受命守屍，加以為防護，日夜不敢懈怠。等到第六天，忽然看到家人跑來，不知何故。家人急忙説道：「你的母親病危，只想見你一面，叫你趕快回去。」楊子大哭説道：「母病危急，師魂未返，如果我去了，誰來看守屍體呢？」家人誠懇勸道：「人死不能復生。況且已經死了六天，內臟必定腐朽，不能復活了。母親病危，送死不及，終天之恨。」楊子知道事情急迫，不得已焚燒了師父的屍體，灑淚看望母親去了。

卻説李鐵拐魂出華山，隨太上老君西遊諸國，多得太上老君之道。在歸來之前，太上老君看着李鐵拐，笑而不語，似有隱情。臨行前，送給李玄一偈：「辟穀不辟麥，車輕路亦熟。欲得舊形骸，正逢新面目。」李鐵拐不知何意。他歸期，正好七天。來到茅齋尋找自己的魄，但見毛髮無存。轉身看到一堆燒完的灰燼，悟到自己的屍體已經被焚毀了。李鐵拐的遊魂無所依傍，日夜憑空號叫。忽然看到遠處有一具餓殍的屍體，倒在山邊。猛然想起太上老君的臨別贈言：「欲得舊形骸，正逢新面目。」恍然大悟，這就是我的

新面目了。於是，就附餓殍之屍而起。這個餓殍，蓬首垢面，坦腹跛足，樣子醜陋卻可愛。李鐵拐爬起身來，向手上的竹杖噴了一口水，竹杖立刻變成鐵質的了。李鐵拐手提鐵杖，肩背葫蘆，一瘸一拐地向前走去。在民間，李鐵拐十分有名，是因為他的葫蘆裡裝着仙丹，可以免費救死扶傷。

鍾離權

鍾離權，鍾離是姓，名權。民間多稱其為漢鍾離，那是因為他本人是東漢大將。鍾離權的號有三，即和谷子、正陽子、雲房先生。他是道教全真道的正陽祖師，法器是手中的拂塵。和李鐵拐一樣，鍾離權亦是道教杜撰的神仙。杜撰一個人的生平，往往要從其父母開始。鍾離權的父親是誰呢？

傳說，鍾離權的父親鍾離章，當初因征討北胡有功，被封為燕台侯。鍾離權誕生的那一天，來了一位長者，自道是上古黃神氏，要託生於此。說罷就大踏步走進臥房，頓時見有異光數丈，如烈火騰焰，侍衛皆驚。這一天是農曆四月十五日。據說鍾離權生下來後，六天六夜不聲不哭不食。到了第七天突然躍起，說道：「身遊紫府，名書玉清。」表明了自己的道家身份。

長大成人後，鍾離權入仕為漢朝大將。一次奉詔北征吐蕃，出師不利，大兵一到，就被羌人趁夜劫營，全軍潰散。鍾離權獨自騎馬落荒而逃。行至一處山谷，迷失了道路，步入一片深林。這時遇到一位胡僧，鍾離權上前問路，那胡僧蓬頭拂額，身掛草衣，帶他走了幾里地，有一處村莊出現在眼前。胡僧對鍾離權說：「這是東華先生成道之處，

將軍可以就此歇息歇息了。」說罷作揖離去。然而鍾離權不敢近前驚動莊中之人，只得待在原處，一動不動。過了許久，只聽有人在說話：「這肯定是碧眼胡人饒舌了。」話音落處，只見一老者身披白鹿裘，手扶青藜杖，聲音高亢。老人問道：「來者不是漢大將軍鍾離權嗎？你為何不寄宿到山僧之所？」鍾離權聽罷大驚，心知這老者肯定是異人了。

這個時候，鍾離權剛剛脫離虎狼之穴，又遭驚鶴之思，於是決定回心向道，就向老者祈求度世良方。老者遂將《長生真訣》《金丹火候》《青龍劍法》傳授於他。鍾離權得到這些真傳後，再回頭一看，原來的村莊都不見了。似乎這些村莊都是為他而設置的，鍾離權大為驚詫，幡然警覺。

鍾離權從此入華山修煉。後來，他遊泰山又遇華陽真人。相傳華陽真人又傳授給他《太乙刀圭》《火符內丹》等，因此又號正陽子。再後又入崆峒，謁見太上老君。太上老君賜號為雲房先生。

相傳鍾離權丫髻坦腹，手揮拂塵，赤面偉體，龍睛虬髯。元朝時，被全真道奉為正陽祖師，為全真道北五祖第二位。全真道北五祖依次為：王玄甫（鍾離權師父）、鍾離權、呂洞賓、劉海蟾、王重陽。

張果老

張果老與李鐵拐和鍾離權不同,是歷史上實實在在存在過的人物。他是唐代道士,本名張果。相傳他有長壽秘術,齒髮衰朽而不死,並自言有數百歲,因而俗稱張果老。張果老的法器是他坐下的那頭白驢,此白驢可以化作一張白紙,即稱紙驢。

張果老有長生不老之術,隱居在恆州(今山西省大同縣東)中條山。為聆聽宛邱、李鐵拐諸仙論道説法,常常倒着騎驢,往來於汾水晉水之間。見過他的老人們説:「我小時候見到他,他就説已經好幾百歲了。」他清心寡慾,無心仕途。唐太宗、唐高宗多次徵召不應。武則天登基後,又召之出山,他便佯裝死於妒女廟前。當時正值盛夏炎熱之際,須臾間,屍體就腐爛生蟲。武則天聽説後,也真的相信他死了。後來人們在恆州山中又見到了他,仍然倒騎白

元任仁發繪《張果見明皇》

驢，日行數萬里。休息時則將所騎驢摺疊起來，看上去像一張薄紙，然後將其放到巾箱之中。起行時用水一噴，又變成驢，可以騎乘。

　　唐玄宗開元二十三年（725），李隆基派通事舍人裴晤，馳車到恆州去迎張果老。張果老面對裴晤，知其來意，突然氣絕而死。裴晤焚香啟請，說明天子求道之意。一會兒，張果老漸漸蘇醒，裴晤不敢再次催請，便馳車還朝，奏知唐

玄宗。李隆基就又派中書舍人徐嶠、通事舍人盧重玄，持璽書迎接張果老。張果老感其誠意，這才隨徐嶠等來到東都（今河南省洛陽市）。李隆基命用大轎請他入宮，並百倍禮敬。公卿亦紛紛前來拜謁。李隆基詢問有關神仙的事情，張果老不予回答，只是屏住呼吸，好幾天不進食，搞得李隆基也沒有辦法。

一天，李隆基對張果老說：「先生是得道之人，怎麼還這般的齒髮衰頹呢？」張果老說：「衰朽之身，無道術可憑，所以才至於此。」說罷，便在御前拔去鬢髮，擊落牙齒，血流滿口。李隆基大驚，對他說：「先生且歇息一下，稍後再談。」過了一會兒，李隆基出來召見他時，只見他青鬢皓齒，勝過壯年。朝中公卿有人問他方外之事，張果老全都詭言答對。嘗說：「我是堯時丙子年人。」使人莫測。

李隆基要留他住在內殿，並賜酒給他，張果老推辭說：「山臣酒量不過三升，我有一弟子，能飲一斗。」李隆基聽了大喜，便讓張果老召他前來。當即有一小道士從殿檐飛下，年齡約有十五六歲，姿容俊美，步趨嫻雅。謁見李隆基，言辭清爽，禮貌備至。李隆基很喜歡這個小道士，命他落坐，張果老說：「弟子應當一旁侍立，不該落坐。」李隆基越看越喜歡，便賜酒給他，飲到一斗，尚不推辭。張果老忙代辭道：「不能再賜酒給他了，過量必有所失。叫他來侍酒，不過要博龍顏一笑罷了。」李隆基不聽，又逼小道士喝。可是酒忽然從小道士的頭頂湧出，冠帶落地，化為一榼

（古代盛酒的器具）。李隆基及眾嬪全都驚呆了，再仔細一看，小道士已不見了，只有一隻金榼翻倒在地。原來此榼僅盛酒一斗，察驗一番，卻是集賢院的金榼。

張果老道術深奧。能指鳥鳥落，指花花落，指鎖門開，再指便還原本來面目。能搬移宮殿於他處，還能搬回原處。張果老入水不沉，入火有蓮花托之而出。有一位善於夜視的氣功師，李隆基命他夜視張果老，結果氣功師看不到。李隆基屢試張果老的仙術，不可窮述。於是便封他為銀青光祿大夫，賜號通元先生。後來，張果老多次以老為由，乞求皇上敕歸恆州。李隆基便詔令車馬相送。天寶初年，李隆基又遣人徵召，張果老聞聽後，忽然死了。弟子埋葬了他。後來打開棺木，只剩下一口空棺。

張果老就是這樣一位神仙。

33

何仙姑

何仙姑是呂洞賓的女弟子，八仙中唯一的女神仙。何仙姑原籍何地？傳說有二，一說是廣東增城縣，一說湖南永州（零陵）。明王圻著《續文獻通考》說：「何仙姑，廣東增城人，何泰之女。」傳說生於唐武周長壽三年（694），是廣東省增城縣何泰的女兒。據說何泰是做豆腐的，何仙姑幫忙賣過豆腐，綽號「豆腐西施」。她出生時就有異相，頭頂六根毫髮。她的法器是一個竹罩。

唐武則天時（684—705年），何仙姑住在雲母溪，年十四五歲時，夢見一個神仙說：「常吃雲母粉，能輕身不死。」清晨醒來，她想：「神仙說的話，是不是在欺騙我呀？」於是，她抱着試一試的心態，吃了雲母粉，不料，果然身子輕了。到了結婚的年齡，她的母親想給她物色一個女婿。何仙姑立誓不嫁，母親也不好勉強。一日，於溪水邊，何仙姑巧遇神仙鐵拐李、藍采和。他們二人授給她神仙秘訣。後來，何仙姑常往來於山谷間，身輕如燕，其行如飛，每日早去晚回。回來時，孝順的她都帶些當地的山果給母親吃。母親問從哪裡拿回來的山果，她只是說去了名山仙境，與女仙談真論道去了。後來逐漸長大，說話論事十分異常。

有一次，當地一小官得到天書一紙，不明就裡，便請何

仙姑看看。何仙姑拿來一看,見上面寫的是:「此人受賄十兩金子,折壽五年。」

武則天聽說何仙姑的事非常感興趣,便派使臣徵召她入宮。在應召赴京的路上,她中途不見了,沒有人知道她的去向。據說那個向她傳道的道人就是呂洞賓。

何仙姑的家鄉廣東省增城縣小樓鎮有一座何仙姑廟,至今香火不斷。廟門有一副對聯:「千年履跡遺丹井,百代衣冠拜古祠。」相傳何仙姑最後是從家門口的水井中去「問仙」的。當時,只穿了一隻繡鞋,另一隻留在了井台上。農曆三月初七是何仙姑誕辰日,屆時當地要唱大戲,來賓們要喝此水井中的「仙湯」。

34

藍采和

藍采和是個來歷不明的神仙。南唐沈汾著《續仙傳》說：「藍采和，不知何許人也。」雖然南唐時期的人對他的來歷一無所知，但民間傳說依然不少。

傳說其是五代時人。一說是赤腳大仙降生。藍采和經常身穿破舊藍衫，腰繫三寸多寬的六扣黑木腰帶，一隻腳穿着靴子，另一隻腳光着走路。夏天時，在衣衫內添上棉絮；冬天卻常臥在雪地裡，耳口鼻像蒸籠一樣冒着熱氣。他的法器是手中三尺多長的大拍板。如今，藍采和的形象多為手提花籃的少年。

過去的藍采和形如乞丐。人們常見他在城裡街市上行乞，手持三尺多長的大拍板，時常醉酒踏歌，老老少少都在他身後看熱鬧。藍采和出語機敏，應答自如，令人笑得前仰後合。他經常似狂非狂地歌道：「踏歌藍采和，世界能幾何。紅顏一春樹，流年一擲梭。古人混混去不迫，今人紛紛來更多。朝騎鸞鳳到碧落，暮見蒼田生白波。長景明輝在空際，金銀宮闕高嵯峨。」

他所唱的歌詞極多，並且率直真切，隨口而出，皆有神仙意，卻又神秘莫測。等有人拿出錢來給他，他就用長繩穿起來，拖在地上行走。那些錢有的給了窮人，有的給了酒

家，有的散落掉了，他也從不回頭看一下。藍采和就這樣周遊天下。那些小時候就見過他的人，老了的時候見到他，都說他樣子依然如故，穿戴依然如舊。

有一次，藍采和在酒樓上醉倒，忽聽到有雲鶴笙簫聲當空傳來，他忽然丟下靴衫，腰帶拍板，乘上白鶴，冉冉飛去。人們這才看到他的衣服，原來是玉片做的，旋即那些靴衫等物也不見了。

後人有詩題藍采和道：「長板高歌本不狂，爾曹白為百錢忙。幾時逢着藍采老，同向春風舞一場。」

藍采和，明代徽派版畫，選自《仙佛奇蹤》。此套大致為明萬曆三十年（一六〇二）序刊本

35

呂洞賓

呂洞賓,歷史上實有其人。他名呂嵒,或呂巖、呂岩。號純陽子,自稱回道人。京川(陝西西安一帶)人,一説河中府(山西)永樂縣人。祖父呂渭,任禮部侍郎;父親呂讓,任海州刺史。唐德宗貞元十四年(798)四月十四日巳時(9—11時)生。呂洞賓是八仙之一,而且是能量最大的一個,位列全真道北五祖第三。他的法器是一支簫管。據明朝作家洪應明著《仙佛奇蹤》和明朝作家鄭志謨著《飛劍記》兩書的記載,呂洞賓的一生完全被神化了。

傳説呂洞賓降生之時,異香滿室,天樂並奏。有一隻白鶴從天而降,飛入帳中不見,呂洞賓降生。他生來身材雄偉,金形玉質,道骨仙風,鶴頂猿背,虎體龍腮;鳳眼朝天,雙眉入鬢,頸修鶴露,額闊身圓,鼻樑聳直,面色白黃;左眉角有一黑痣,如鋤頭大小;足下紋如龜。他自幼聰明,日記萬言,出口成章。成人後,身長八尺二寸。淡黃笑臉,微麻、三髭鬚。穿黃襴衫,戴華陽巾,繫八皂縧。形貌很像張良張子房。二十歲時還沒有成家。

唐武宗會昌(841—847年)年間,呂洞賓前往長安赴試。考了兩次,都沒有考中進士。一天,他在長安酒肆閒遊,只見一青巾白袍羽士,在一處牆壁上寫下了三首絕句。

呂洞賓像，
選自《繡像呂洞賓祖師全傳》，汪淇編。
清康熙元年（一六六二）

其一曰：「坐臥常攜酒一壺，不教雙眼識皇都。乾坤許久無名姓，疏散人間一丈夫。」其二曰：「得道真仙不易逢，幾時歸去願相從。自言住處連東海，別是蓬萊第一峰。」其三曰：「莫厭追歡笑話頻，尋思離亂可傷神。閒來屈指從頭數，待到清平有幾人。」呂洞賓驚歎這人狀貌奇古，詩意飄逸，便上前行禮，問其姓氏。羽士道：「你可先吟一絕，我想看看你的志向。」呂洞賓便接過筆來寫道：「生在儒林遇太平，懸縷垂帶布衣輕。誰能世上爭名利，臣事玉皇歸上清。」羽士見詩後，說：「詩能言志，你的志向很超卓呀！我是鍾離子，住在終南鶴嶺，你能與我從遊嗎？」鍾離子就是八仙之一的鍾離權。但是，呂洞賓沒有立刻答應。

鍾離權和他一同在這家鋪子住下。鍾離權親自為他燒飯，呂洞賓卻忽然就枕昏睡。夢見自己中了狀元，做了高官，並兩娶富家女兒，生子婚嫁之後，子孫滿室，簪笏滿門。如此過了將近四十年，接著又做了丞相，專權十年，權勢熏炙。然而無意中犯下重罪，抄盡家資，妻離子散，流落於荒嶺野谷中，孑然一身，窮苦憔悴。立馬於風雪之中，剛發長歎，恍然間醒來，鍋中之米尚未煮熟。鍾離權一旁笑吟道：「黃粱猶未熟，一夢到華胥。」呂洞賓驚問：「先生知道我的夢境嗎？」鍾離權說：「你剛才的夢，升沉萬態，榮辱千端。五十年間不過一瞬罷了。得到不足喜，喪失又何足悲？世人要經過所謂大徹大悟，才能明白人世不過一場大夢罷了。」呂洞賓感悟，於是便拜鍾離權為師，求教度世之

術。鍾離權考驗他說：「你骨節尚未完善，要想求仙度世，還必須歷經數世才行。」說罷翩然而去，呂洞賓當即棄儒歸隱。

歸隱後的呂洞賓，曾遭遇鍾離權的十次測試。第一試：一次呂洞賓出外遠遊回來，忽見家人全都病死。呂洞賓心無悔恨，只是厚備棺槨入葬。然而須臾之際，死者卻全都活過來，無病無恙。第二試：呂洞賓到市上賣貨，本來已議定好了價錢，買的人卻突然翻臉，只給一半的錢。呂洞賓不加任何爭執，丟下貨物走開了。第三試：呂洞賓元日出家門，碰見一個乞丐倚門求他施捨，呂洞賓當即拿錢物給他。不想那乞丐不但索要沒完，還惡言惡語，呂洞賓卻只有再三地笑謝。第四試：呂洞賓在山中放羊，見一餓虎奔來，追趕羊群。呂洞賓把羊阻攔在山坡下面，自己以身相擋，餓虎卻走開了。第五試：呂洞賓在山上草舍內讀書，有一女子年齡在十七八歲的樣子，容華絕世，光豔照人。自說歸省娘家，迷了路，天已將晚，腳下無力，想借此稍加休息，呂洞賓答應了。可那女子竟百般挑逗呂洞賓，夜晚竟逼呂洞賓與她同寢。呂洞賓不為所動。這樣一連三日，那女子方才離去。第六試：呂洞賓一日到郊外去，待回到家時，家裡財物全都被盜賊劫去，幾乎沒有朝夕之用。呂洞賓毫無怒色，親自耕種自給。一日，忽然見到鋤下有數十片金子，呂洞賓立即把它們掩埋起來，一無所取。第七試：呂洞賓碰到一個賣銅的人，買回來一看，全都是金子。他就當即找到賣銅的人，

把金子還給了他。第八試：有一瘋狂道士在市場上賣藥，說是人服下去立即就死，可以再轉世得道。十天過去了，不曾售出。呂洞賓前去買下，那道士說：「你可以速備後事了。」然而呂洞賓服下後卻安然無恙。第九試：呂洞賓與眾人一道過河，走到中間時，風濤掀湧，眾人全都十分恐懼，呂洞賓卻端坐不動。第十試：呂洞賓獨坐一室中，忽見眼前出現無數奇形怪狀的鬼魅，有的要打他，有的要殺他，呂洞賓毫不畏懼。又見有數十個夜叉，押來一個死囚，死囚血肉淋漓，號泣說道：「你前世殺我，今天應償還我命。」呂洞賓道：「殺人償命是應該的。」說着起身尋刀，就要自盡償還其性命，忽然聽到空中一聲吆喝，鬼神全都不見了。有一人撫掌大笑而下，原來是鍾離權。鍾離權道：「我考驗你十次，你都不曾動心。如此可見，你肯定會成仙得道的。」

於是，呂洞賓隨他一同來到鶴嶺。鍾離權將所有《上真秘訣》，全都傳授給呂洞賓。不久清溪鄭思遠、太華施真人，從東南凌雲而來，相互問候之後，一起落座。施真人問：「站在一旁的是甚麼人啊？」鍾離權道：「是呂海州之子。」說罷便命呂洞賓上前拜見二仙。二仙去後，鍾離權對呂洞賓說：「我就要去朝見天帝，到時會表奏你的功德，使你也得入仙籍。你也不要久住於此。十年之後，我與你在洞庭湖相見。」說着又把《靈寶畢法》及靈丹數粒授給洞賓。這時，有二仙手捧金簡寶符，對鍾離子說：「天帝下詔，派你為九天金闕選仙，要你馬上起行。」鍾離權又對呂洞賓說：

「我應詔朝見天帝。你在人間好自為之，修功立德，他時也會和我一樣。」呂洞賓再拜說：「我的志向不同於先生。我一定要度盡天下眾生，才願上升。」於是鍾離權乘雲，冉冉而去。

呂洞賓南遊到灃水之上，登廬山鐘樓時，與祝融君相遇。祝融君便傳授給他天遁劍法，說：「我是大龍真君，過去曾持此劍斬殺邪魔，現贈給您斬斷煩惱。」後來，呂洞賓初遊江淮，斬殺巨蛟獸，一試靈劍。

十年後到洞庭湖，登上岳陽樓，鍾離權忽然從天而降，說：「我來實踐前約，天帝命你的眷屬，全都居於荊山洞府，你的名字已注入玉清籍中。」傳說，呂洞賓此後隱顯變化四百餘年，常遊於湘潭岳鄂及兩浙江淮間。宋徽宗政和（1111—1118 年在位）年間，封為好道真人。明朝又封他為純陽帝君，繼為純陽祖師，故又號稱「呂祖」。

呂洞賓雖位列八仙第六，但在民間的聲望卻遠遠高於其他七位仙人。中國各地有很多呂祖廟、呂祖祠，道觀內也常見呂祖殿、呂祖閣，這樣的待遇其他七位仙人也是望塵莫及的。

36

韓湘子

韓湘子在歷史上確有其人，他是唐代著名思想家、文學家韓愈的侄孫。據《唐書・宰相世系表》，韓愈有個侄子叫韓老成，韓老成有個兒子叫韓湘，字清夫。

請注意，如今我們日常所見的韓湘子形象多為吹笛美少年，笛子也就成了他的法器，但這與古書所寫迥然不同。據《上洞八仙傳》和《仙佛奇蹤》的記載，韓湘子是個成年人形象的神仙，他的法器是一個花籃。

韓湘子生來就有仙骨，性格落拓不羈。厭煩華麗濃豔，喜歡恬淡清幽。韓愈多次鼓勵他攻讀儒家之學，但是，韓湘子表示不能接受，公開地說：「對不起，侄孫韓湘子所喜歡的學問，同您喜歡的學問完全不同。」韓愈聽了，很是生氣，申斥了他。

一天，韓湘子出外訪道尋師，偶遇鍾離權和呂洞賓，於是，就毅然棄家，跟他們遊道去了。後來，走到一個果樹林，見到仙桃紅熟，飢渴難耐，韓湘子就爬上樹去摘桃。不料，樹枝突然折斷，韓湘子落地致死，屍體隨後就分解了。這時，韓湘子的魂解脫了，冉冉升天。韓湘子謁見了天帝，天帝授他為「開元演法大闡教化普濟仙卿」。而後他又遊了蓬萊等仙境。後來，天帝便召他去，命他下界超度韓愈。

韓湘子受命超度韓愈。但考慮到韓愈為人正派，篤信儒學，一般不會相信韓湘子的遊說。為此，韓湘子策劃以謀術打動他。元和年間（806—820 年），唐憲宗正旦朝賀，留韓愈等宴飲。皇上問道：「今年年成豐歉怎樣？」韓愈對道：「今年歉收。」皇上說：「你怎麼知道？」韓愈說：「去冬無雪，所以知道今年歉收。」憲宗聽了，當即下旨，限韓愈

此套大致為明萬曆三十年（一六〇二）序刊本

韓湘子，明代徽派版畫，選自《仙佛奇蹤》。

三日內，到南壇祈禱致雪，久禱不得，就罷他的官。韓愈大為惶懼。

韓湘子知道後卻大喜，他心生一計，便掛出「出賣風雲雨雪」的招牌。市民都很驚訝，報給韓愈，韓愈便將他召去。當時韓湘子已經改變容貌，韓愈認不出他。韓愈詰問韓湘子說：「皇上因憂年歉，想預先禱雪以求豐收。你是何人，敢出此狂言？」韓湘子敲着掌中葫蘆笑道：「人當然無以為之，我身中先天坎離太極混合，乾坤尚可顛倒，後天雨雪招之何難？」韓愈說：「那麼你祈雪來，我倒要看看。」韓湘子說：「好。」於是，要酒來喝得大醉，而後登壇作法。半日，濃雲漫野，寒氣侵骨，天光一合，大雪立降，有一尺多深。朝中諸公都大以為異，韓愈卻道：「人君至誠，人臣至專所致，豈是憑一道士之力的嗎？」眾人都不服其論。韓愈不相信這是韓湘子的法力，問道：「這場雪，是我祈禱的呢，還是你祈禱的？」韓湘子答道：「我祈禱的。」韓愈問：「怎麼證明呢？」韓湘子說：「平地雪厚三尺三寸。」韓愈派人去丈量，確實如此。韓愈此時才略微相信韓湘子有些異術。

不久，韓愈官拜刑部侍郎（司法部副部長）。宴賀時，韓湘子又去拜謁。韓愈一開始還善待他，當韓湘子言語中有勸韓愈急流勇退之意後，韓愈勃然大怒並斥責了他，並且為難他說：「你能盡以一杯之酒，致使在座諸公皆醉嗎？」韓湘子說：「這太容易不過了，你隨我來看。」說着他便取

來所佩帶的葫蘆。葫蘆粗不過一寸，高有一寸多點，裝半杯酒即滿。而後，他遍席敬酒。總共三十人，各計三十巡，葫蘆永遠沒有斷流過。眾人全都驚駭。韓愈卻說：「這是民間漏雨法罷了。」韓愈又故意難為他說：「能夠召來仙鶴嗎？」韓湘子立即召下仙鶴來。仙鶴至而起舞，轉眼又化為羊，並口出歌賦，其中不過是勸說韓愈修省引退。韓愈皆以為幻術。韓湘子不由得大聲說道：「您想成為天子嗎？貴極人臣，尚不知避禍而早退。一旦遭貶，風塵千里，凍餒而死。老婆孩子的榮祿還能復得嗎？」韓愈大怒，叱喝他出去。

一天，韓愈壽誕，設席大宴。韓湘子突然回來，為叔祖祝壽。韓愈想要難為韓湘子，就問道：「你能叫酒罈生出酒來，能使土堆開出花來嗎？」這是一個很大的難題，但難不倒韓湘子。韓湘子把酒罈移到桌前，用金盆蓋住酒罈，一會兒打開，罈內果然生出美酒；又把黑土聚成一堆，不多時，土堆上就開出一朵豔麗的花，好像牡丹。花朵上又擁出兩行金字對聯：「雲橫秦嶺家何在？雪擁藍關馬不前。」韓愈讀罷此聯，沉吟良久，不解其意。韓湘子說道：「以後會得到驗證，天機不可預先泄露。」

不久，唐憲宗素性好佛，想把佛骨迎入皇宮。韓愈認為不吉利，上表勸諫，觸怒唐憲宗。唐憲宗下令，將韓愈貶謫潮州，限日起行。韓愈別家，向潮州進發。行不數日，下起雪來。行至一處，雪深數尺，馬不能進，退亦無路。韓愈凍餒難禁，愁苦無訴。恰在此時，韓湘子來了。韓湘子對

韓愈説道：「叔祖，還記得在花朵旁邊説過的話嗎？」韓愈問道：「這是甚麼地方？」韓湘子答道：「這是藍關。」韓愈想到那副對聯，望天長歎道：「沒想到，事情發展到這個地步。」又説道：「我為你補足先前那副對聯吧！」於是，賦詩一首：「一封朝奏九重天，夕貶朝陽路八千。本為聖朝除弊政，敢將衰朽惜殘年。雲橫秦嶺家何在？雪擁藍關馬不前。知汝遠來應有意，好收吾骨瘴江邊。」這就是著名的《左遷至藍關示侄孫湘》一詩。

韓愈這才相信韓湘子的話是可信的。第二天，臨別前，韓湘子拿出一瓢藥送給韓愈，説道：「你服一粒，可以抵禦寒冷。」韓愈很受感動。韓湘子説：「叔祖不久就會西歸，不但沒事，還會得到重用。」接着，韓湘子飄然而去。

韓愈後來確實又被召回到京城。

37

曹國舅

歷史上是否確有曹國舅其人，尚無法確定。他的法器是一塊玉版。

據說，曹國舅是宋仁宗曹皇后的長弟，名曹景休。曹國舅的弟弟叫曹景植，依仗自己是皇帝的宗親，奪取民田，霸佔民女，諸多不法，遭到百姓的痛恨。

曹景休多方教育他，但不能阻止他作惡；極力懲辦他，反而遭到他的記恨。曹國舅悲傷地說道：「天下的道理，積善者昌，積惡者亡。這是千古不變的真理。現在，我的弟弟作惡多端，雖然可以明逃典刑，但不能暗逃天網。如果一旦禍起，家破人亡。」

看破紅塵的他，盡散家財，周濟窮人。後來，辭家別友，隻身道服，隱跡山林，修心煉性。數載之間，心與道合，形隨神化。明洪應明著《仙佛奇蹤》記載：「曹國舅，宋太后弟也。因其弟每不法殺人，深以為恥，遂隱跡山岩，精思玄理，野服葛巾，經旬不食。」

忽然一天，鍾離權和呂洞賓遊仙到此，見到了修道的曹國舅，很是驚訝，不禁問道：「閒居為甚麼修煉？」曹國舅答道：「其他無所作為，想要修煉道教。」二仙追問：「道在哪裡？」曹國舅以手指天。二仙又問：「天在哪裡？」曹

國舅又指心。鍾離權笑道：「心就是天，天就是道，你已經能夠識破本來面目了。」於是，將《還真秘術》傳授給他，叫他修煉，不久，將他引入仙班。

看起來，曹國舅一心向道，是一心向善，是在尋求真理。據說，當上神仙，也就找到了真理。

以上是曹國舅的一個來歷，也是最為人們接受和熟悉的一個來歷。還有人說，曹國舅乃宋仁宗朝的大國舅，名諱不詳。另一說，認為曹國舅是宋朝魯國公曹彬之孫曹佾，其姐是宋仁宗趙禎的皇后。

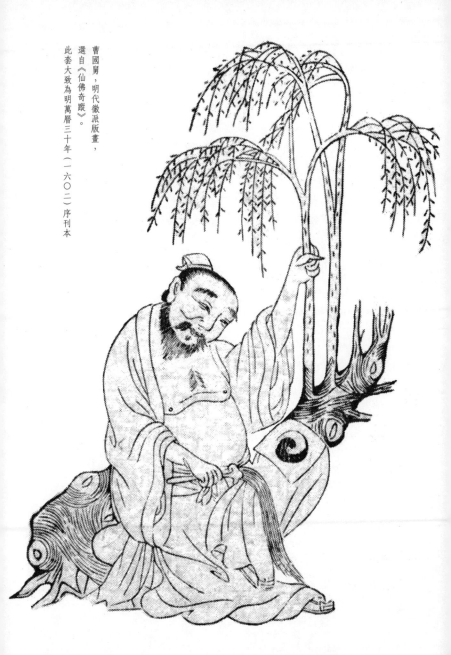

38

黃大仙

黃大仙原來是我國東南一帶的區域神，後來逐漸走向了海外，成為僑居海外的華夏名神之一。在中國大陸，對黃大仙的禮拜，已走向衰微。在我國香港、澳門地區，黃大仙則受到特殊的禮遇。香港有黃大仙廟，香煙繚繞，香客不絕，極得香港百姓的崇拜。

黃大仙是何方神聖？從香港黃大仙廟的有關記載來看，黃大仙的原身有四說。

一說是黃初平。黃大仙廟前有一個石門坊，上題有「金華分蹟」四個大字，道出了該廟的來歷。金華是浙江省金華縣。據說，黃大仙名黃初平，晉朝丹溪人。丹溪在四川綦江縣東南。黃初平後來到金華山修道。金華山在浙江省金華縣之北，是黃初平得道處。金華有赤松觀，是黃大仙的祖廟。金華分蹟，是說香港的黃大仙廟是金華祖廟派生出來的分廟。

明洪應明著《仙佛奇蹤》記載：「黃初平，晉朝丹溪人。年十五牧羊，遇道士，引至金華山石室中，四十餘年。其兄初起尋之，不獲。後遇道士，善卜，起問之，曰：『金華山中有一牧羊兒。』初起即往見初平，問：「羊安在？」曰：「在山東。」往視之，但見白石磊磊（纍纍）。初平叱之，石

皆成羊。初起亦棄妻、子學道，後亦成仙。」這是説，黃初平原來是個牧羊倌。後來，被道士指引到了金華山修道，一修就是四十多年。他的哥哥黃初起去尋找他，碰到了一個會算卦的道士，道士告訴他：「金華山中有一個牧羊倌。」黃初起就去找牧羊倌黃初平，見到了弟弟黃初平，就問：「羊都到哪裡去了？」黃初平回答：「在金華山的東邊。」到那裡一看，甚麼也沒有，只見一堆堆石頭。黃初平大喝一聲，奇跡出現了，石頭就都變成了羊群，這證明黃初平已經得道了。哥哥黃初起受到啟發，幡然覺醒，也拋棄了老婆、孩子學道，後來也成了仙。這裡説明，得道後的黃初平可以隨心所欲，居然能夠將石頭變成羊群。這大概是人們崇拜黃大仙的一個原因吧。

二説是赤松子。黃大仙廟廟門的橫匾上寫着「赤松黃仙祠」。大殿內供奉黃大仙像。這是説，他們供奉的黃大仙是神仙赤松子。黃大仙的別號是赤松子。明洪應明著《仙佛奇蹤》記載：「赤松子，神農時雨師。煉神服氣，能入水不濡，入火不焚。至崑崙山，常至西王母石室中。隨風雨上下，炎帝少女追之，亦得仙，俱去。高辛時為雨師，閒遊人間。」這是説，赤松子原是神農時人。黃初平和赤松子，不是同一個時代的人。但是，在神功上，他們是相似的。所以，黃大仙所指的赤松子，應該是神農時的赤松子。

三説是黃野人。明洪應明著《仙佛奇蹤》記載：「黃野人，葛洪弟子。洪棲山煉丹，野人常隨之。洪既仙去，留丹

於羅浮山柱石之間。野人得一粒服之，為地行仙。後有人遊羅浮宿石岩間，中夜見一人，無衣而紺毛覆體，意必仙也，乃再拜問道。其人了不顧，但長笑數聲，聲振林木，木復歌曰：『雲來萬嶺動，雲去天一色。長笑兩三聲，空山秋明白。』其人歸道，其形容即野人也。」這是說，黃野人道行不淺，可以讓樹木作詩唱歌。有人認為，黃大仙是這位黃野人。

四說是黃石公。明末清初學者徐道著《歷代神仙通鑒》（一名《三教同源錄》）說：「（黃）初平歸淮陰黃石山，改名黃石公。」就是說，黃初平又叫黃石公。黃石公是個歷史傳說人物，後被道教尊為神仙。黃石公，又叫圯上老人。姓名不詳，下邳（江蘇省邳縣）人。相傳曾將《太公兵法》傳給了漢初名相張良。一天，張良到下邳橋上散步，偶遇一位穿着普通的老人。老人故意將所穿鞋子丟落橋下，讓張良去拾取。張良去取了。如此者三，張良都照辦了。老人認為：「孺子可教也。」就傳授張良《太公兵法》。老人對張良說：「閱讀了這部書，就可以做皇帝的老師了。後十年你會發跡。十三年後，你會在濟北遇到我，穀城山下有塊黃石就是我。」於是老人離去了，沒有說別的話，從此老人就再沒有出現。第二天，張良仔細翻看這本書，原來是《太公兵法》。張良很驚異，經常學習它、背誦它。熟讀兵法的張良，協助劉邦奪得天下。十三年後，張良隨漢高祖劉邦出巡路經濟北，果然見穀城山下有一塊黃石。張良便帶上黃石，朝夕供

奉，從不間斷。後世就稱圯下老人為黃石公。

黃大仙的身上有着黃初平、赤松子、黃野人和黃石公四位神仙的影子。黃大仙的法力應該是四位神仙之和。因此，黃大仙的法力就格外的大。黃大仙的崇拜者在心理上都相應地得到他的庇護。禮拜黃大仙，求福、求子、求才、求藥，不一而足。香港、澳門的百姓推崇黃大仙，就不足為怪了。

劉海蟾

劉海蟾，名操，字昭遠，又字宗成，號海蟾子。五代燕山（今北京西南宛平）人。在遼應舉，中甲科進士，事五代燕主劉守光，官至丞相。平素好性命之學，崇尚黃老之道。道教全真道北五祖第四位。

傳說劉海蟾為丞相時，一日一道人拜謁，自稱正陽子。向其索要金錢、雞蛋各十枚，在桌上間隔高疊。海蟾驚歎曰：「危哉！」道人曰：「相公生命俱危更甚。」海蟾因此大悟，散家財，辭官職，離妻別子，翌日即出家雲遊，專心修行，常往來於華山和終南山之間，後得道仙去。

元世祖封其為「海蟾明悟弘道真君」。元武宗加封為「海蟾明悟弘道純佑帝君」。

劉海蟾是傳說中最具代表性的一位準財神。後世民間流傳有劉海戲金蟾之說，多用作吉慶的象徵。俗話說：三條腿的蛤蟆不好找，兩條腿的人有的是。劉海戲金蟾，戲的就是三條腿的蛤蟆。年畫中，劉海是個仙童，前額垂着整齊的短髮，騎在金蟾上，手裡舞着一串錢，是傳統文化中的「福神」；金蟾為仙宮靈物，古人以為得之可致富。劉海戲金蟾，步步釣金錢，表示財源廣進、大富大貴之意。過去人們常將劉海戲蟾剪紙、繪畫請回家中，求財祈福。

麻姑

麻姑是民間傳說中著名的女壽仙。麻姑神像、麻姑獻壽，是民間風俗畫的主要題材之一。但是，麻姑的來歷卻説法不一。

一種是神仙王方平之妹。明洪應明著《仙佛奇蹤》記載，麻姑是神仙王方平之妹。漢桓帝（147—168 年在位）某年的七月七日，王方平從天而降，着遠遊冠，乘五龍車，如大將軍一樣。降臨後，即派人迎接麻姑。麻姑年十八，頂中作髻，長髮至腰，錦衣繡裳，光彩耀目。她是一個很漂亮很時尚的女孩子。麻姑神通廣大，她可以「索少許米來擲地，皆成丹砂」。麻姑的手很特別，像鳥的爪子。有一個不知深淺的蔡經，想讓麻姑用手給他撓背。王方平生氣了，用鞭子抽打蔡經，説：「麻姑是神仙，你知道嗎？」

麻姑的壽命極長，她已經看到「東海三為桑田」「蓬萊水又淺矣」。滄海變桑田，一次需要幾千萬年。麻姑看到了三次滄海變桑田，説明她的壽命也至少有數個幾千萬年了。民間傳說她是壽仙，就不足為怪了。

一種是將軍麻秋之女。清褚人獲著《堅瓠秘集》卷三引《一統志》云，傳說麻姑是後趙石勒時麻秋之女。麻秋是十六國時後趙的征東將軍，是胡人。在歷史上，麻秋以殘暴出名。民間相傳，小孩夜間啼哭，母親就嚇唬孩子：「麻胡

麻姑

麻姑，《有象列仙全傳》，明王世貞輯次，明萬曆時期汪雲鵬校刊本

來了！」麻姑雅慕神仙，深知道術。相傳她曾多次勸諫父親說：「殺人還自殺，好生還自生，希望您不要枉殺人命。」麻秋不僅不聽，在發現麻姑幫助民工後，還用鞭子打她。麻姑一怒之下，離家出走，來到羅山修煉。後來，麻姑在望仙橋飛升。

還有一個關於麻姑的傳說。元朝至元（1264—1295 年）年間，村婦劉氏忽夢一女官，自稱麻姑，乞求用堂前大槐樹修廟。睡夢中的劉氏假意應允。醒來後，她覺得此事有異。幾天後，忽然風雷大作，堂前大槐樹旋即被風連根拔起，隨風雨而去。劉氏匆忙趕往麻姑廟，只見大槐樹已臥在廟前。

據說，王母娘娘在農曆三月初三日聖誕時，隆重舉辦大型的蟠桃盛會，麻姑亦在嘉賓之列。她精心準備了一份特殊的禮物 —— 絳河水和靈芝釀造的甘甜美酒。王母娘娘得到此酒，非常高興。這就是著名的「麻姑獻壽」的故事。

麻姑的老家，據說是江西省南城縣。那裡有座麻姑山，山姿秀美，景色宜人。這是道教三十六洞天的第二十八洞天，叫「麻姑山丹霞宛陵洞天」。又是七十二福地的第十福地。唐朝著名書法家顏真卿任撫州刺史時，曾撰寫了《麻姑山仙壇記》，至今猶在。晉朝的真人葛洪就曾於此煉丹。相傳，麻姑在此得道升天。

真
人
神

彭祖

彭祖是中國古代神話傳說中的壽星老和養生家。據西漢劉向著《列仙傳》、明洪應明著《仙佛奇蹤》和《繪圖歷代神仙傳》的記載，彭祖是殷朝時的大夫，姓籛，名鏗。上古五帝之一顓頊的孫子，陸終氏的兒子。陸終氏生六子，他是第三子。

彭祖經歷的時代是夏朝到殷朝末年。帝堯的時候，擅長烹飪野雞湯的他主動進獻，堯便把彭城封給他，所以後世稱他為彭祖。舜的時候，他師從神仙尹壽子，得到真傳，之後隱居武夷山。到商代末年，已有七百六十七歲（或說有八百餘歲）。另有學者解釋，上古用干支記日法，一個甲子就是六十日，若按七百六十七個甲子計，彭祖則活了四萬六千零二十日，即一百二十六歲。總之，彭祖作為長壽的象徵，連春秋的先聖孔子都很傾慕他，莊子和葛洪也讚歎他壽命之長久。

可見，彭祖最值得研究的是他那獨到的養生術。總結起來，共六個字。第一是靜。彭祖心靜，不為仕途忙碌。商王請他做大官，他雖然勉強接受了，但常託病不上朝。第二是補。他用水桂花、雲母粉、麋角散自製補藥，日日進補，致容顏不老。同時，還要通陰陽。第三是行。他有車馬，但基本不用，出門就靠兩條腿，即使出門百日也是如此。第四

是少。他吃得少。他出外周遊，無論多久，都不帶乾糧。第五是養。他每日行導氣之法，攻治患處，存精神於體內。第六是廉。商王為討得長生不老之術，贈予彭祖數萬金，彭祖都分給了百姓。

由於彭祖百般推脫，不肯向商王傳授長壽之術。商王便請來采女，間接向彭祖問道。彭祖告訴她，君王要成仙，須養精、服藥，兼佐以男女交接之道。這是彭祖養生的一個關鍵法門 —— 通陰陽。采女獲得了秘籍後，便傳授給商王。商王既得秘籍，貪心驟起，欲獨霸之，便下令將所有傳播彭祖之術的人處死。等官兵到了彭祖的住所，其人已不見蹤影。後來，商王淫蕩過度而死。民間則傳說，是彭祖施了道法，將商王除掉了。

彭城在今江蘇省徐州市。這裡名人輩出，除彭祖外，還有漢高祖劉邦、五斗米道創始人張道陵、東吳大帝孫權、西楚霸王項羽、明太祖朱元璋等歷史上赫赫有名的大人物。徐州是彭祖故國，這裡有關彭祖的古蹟也非常多，有彭園、彭祖祠、彭祖廟、彭祖墓、彭祖井等。

42

張天師

張天師即張道陵(34—156)。原名張陵，字輔漢，東漢沛國豐(今江蘇省徐州市豐縣)人，曾任江洲(今重慶市)令。五斗米道的開創人，道教的創立者。後代道教徒尊稱他為「張天師」。

既然被尊為天師，其來歷自然也就被神化了。

傳說，張道陵母親感孕而生。東漢光武帝建武十年(34)，張道陵的母親夢見魁星星君降臨。她醒來後，聞到室內芳香縈繞，久久不散，同時還發現自己懷了身孕。一年後，其子降生，取名張道陵。張道陵青年時期曾入當時的最高學府太學學習，博通五經。後來有一天，他頓悟「高官厚祿都無益於生命」，於是棄學從道，尋找長生之法。不久，他發現這些非己所長，便另尋他途。

創辦五斗米道。張道陵來到四川，見鶴鳴山(今四川省成都市大邑縣境)仙氣繚繞，便住了下來。不久，他撰寫道書二十四篇，為道教的創立積累了理論基礎。一日，天人千乘萬騎，坐羽蓋金車，紛紛而下。有的自稱是柱下史，有的自稱是東海小童，傳給道陵「新出正一明威之道」。他就用此道為百姓治病。治好病的百姓將他奉若神明，自稱弟子。由此，來拜他為師的有數萬人。張道陵創立道派，凡入道者須交五斗米，故稱五斗米道。

張天師，明代徽派版畫，選自《仙佛奇蹤》。此套大致為明萬曆三十年（一六〇二）序刊本

明代作家洪應明撰《仙佛奇蹤》記載張道陵仙跡，活靈活現，想像非凡。相傳，張道陵是個神童，七歲就通曉《道德經》。後來選拔賢良方正，他當上了官。但是，他身在仕途，心想修煉。於是，便棄官入蜀，求真學道。來到鶴鳴山，收下弟子王長。他們在一起精煉龍虎大丹，三年丹成。張道陵此時年已六旬，吃了仙丹，相貌變得如三十多歲的年輕人。後來，他們找到了《皇帝九鼎太清丹經》，照此修煉，就獲得了神通，可以分形散神。張道陵先後降伏了白虎神、大毒蛇，聲威大震。一日，張道陵忽然夢見太上老君命他去降服六大鬼神，並賜給道陵經卷、秘訣，以及雌雄劍二把，都功印一枚。後來，張道陵與六大魔王經過一場苦戰，降服了他們。由於張道陵能鏟除人間妖魔，得到太上元始天尊的嘉許，升入天堂。時年一百二十三歲。

張天師在民間擁有眾多崇拜者。由於張道陵張天師神通廣大、法力無邊，可以降妖伏魔、驅鬼除怪、祛病延年、招福納祿，所以深受民間百姓的崇拜，向他燒香祈福的信徒眾多。張道陵後代世世有一子承襲「天師」名號，一律統稱張天師。張天師代有傳人，不絕如縷。其祖庭在江西省貴溪縣龍虎山上清宮。據說，此處是張道陵最早修道煉丹的草堂。張道陵創立早期道教於四川，約百年後他的第四代孫張盛張天師於晉初將傳道中心遷還龍虎山，並在張道陵所築之壇舊址建傳箓壇。現在，張天師已經傳至六十五代，其名張意將，現居中國台灣。

經歷代經營，龍虎山建成了擁有十大道宮、八十一座道觀、號稱「仙都靈會」的龐大道教勝地。世稱道教第三十二福地。嗣漢天師府，簡稱天師府，是歷代張天師的起居之所。歷代帝王推崇其道，官其子孫，修建府第。天師府多達五百餘間。樓房殿閣，龍柱金壁，宏大瑰麗，形似皇宮。其中天師住房和養生殿，面積九百多平方米。上清宮是我國規模最大、歷史最久的道宮之一。

三茅真君

三茅真君，是道教神仙。三茅，即三位陝西咸陽的茅氏兄弟，大哥茅盈、二弟茅固、三弟茅衷。他們是道教茅派尊奉的祖師，被信徒尊稱為大茅君茅盈、中茅君茅固和三茅君茅衷。

兒歌唱道：跟着師父上茅山，茅山有個茅老道。茅山，原名句曲山，位於江蘇省句容縣，是道教第八洞天。三茅真君的大哥茅盈在十八歲那年，立志修道，離家出走，從咸陽出發，先赴恆山，再到茅山，隱居修行三十載。他就是兒歌中的茅山那個茅老道。四十八歲那年，茅盈決定回家，看望父母兄弟。

三十年過去了，茅家變化很大。父母雙親日日盼兒歸，心情憂鬱，已老態龍鍾。好在二弟茅固、三弟茅衷都很出息，考上功名，在朝為官。這天，父親見茅盈回來，又愛又恨，抄起一根木棍向其打來。茅盈也不躲閃，小施仙術，木棍立斷為兩截，還將堂外的影壁牆穿了個大洞。父親大驚，便追問茅盈這些年的去向。茅盈便一五一十地將他學道的過程講給父母聽。父親將信將疑，問：「你能起死回生嗎？」茅盈答：「罪惡之人無法，但暴死者可生。」恰好村中有一青年暴斃，茅盈一番作法，青年慢慢醒了過來。村中人嘖嘖稱奇，稱他為「茅神仙」。

三茅真君，《三教源流搜神大全》

二弟茅固、三弟茅衷得知大哥回家，便快馬回家團聚。他二人見大哥茅盈法術了得，心生學道之意。茅盈住了些日子，便向雙親告辭。兩位弟弟也打定主意，辭去官職，與大哥一起修行。後來，在茅盈的幫助下，二弟茅固、三弟茅衷都得以升天成仙。

兄弟三人在天庭朝見玉皇大帝，得封「九天司命三茅應化真君」，這就是三茅真君的來歷。三茅真君是道教上清派的始祖，他們升天後，後人為祭祀之故，將句曲山改名為茅山，並建三茅真君廟，頂禮祭拜。

如今，江蘇茅山不僅是道教「第一福地」，還是旅遊風景區。茅山有崇禧、元符、九霄三宮，其中九霄萬福宮的太元寶殿供奉着三茅真君的貼金塑像。大哥茅盈居中，二弟茅固、三弟茅衷分列左右。該宮還有飛升台，是大哥茅盈升天之地。二聖殿供奉着三茅真君的父母。到江蘇旅遊，這裡是個好去處。

44

許真君

許真君，本名許遜（239—374），東晉著名道士，字敬之，汝南（今屬河南）人。曾為旌陽縣（今四川德陽縣，一說湖北枝江縣北）縣令。據說政績卓著，吏民悅服。後見晉室紛亂，棄官東歸江西南昌，周遊江湖。傳說東晉寧康二年（374 年）在江西南昌西山，全家四十二口拔宅飛升。宋代封為「神功妙濟真君」。世稱許真君或許旌陽。傳說許真君道行甚高，做了很多好事。

其一，出身不凡，拜師得道。

據宋代佛道名書《太平廣記》記載，許真君的祖父許琰、父親許肅，都是篤信道教的。東晉尚書郎許邁、散騎常侍許穆，都是許真君的同族人。據道書記載，他少年時曾入山射鹿，鹿胎墮地，母鹿不顧自己的箭傷，折回頭來傷心地舔其子而死。許真君愴然感悟，遂折弓棄矢，銳意修道。許真君聰明穎悟，博通經史，明曉天文，熟諳五行，深知讖緯。對道教的神仙修煉之術，尤其喜好。許真君少年時，就拜道教高人大洞君吳猛為師，得到真傳《三清法要》，道功大進。

其二，巧解迷夢，欲止叛亂。

據宋代佛道名書《太平廣記》記載，當時，鎮東大將軍

王敦欲叛。許真君以為王敦卜算為名，欲制止王敦的惡行。王敦問道：「孤作了一個怪夢，想請先生破解一下。」許真君說道：「請大將軍道來。」王敦說道：「孤做了一個夢，用一根大木頭捅破了天，這是不是預示孤要十拿九穩地得到帝位了？」許真君機智地答道：「這可不是一個好夢。」王敦奇怪地問：「為甚麼？」許真君巧妙地說道：「『木』字上邊捅破了『天』，應該是個『未』字，將軍不可妄動。晉朝的命運還沒有衰敗。」王敦聽後大怒，但暫時隱忍，請其飲酒，欲在酒席宴間動武。許真君識破其陰謀，將酒杯擲起，酒杯繞樑而飛。王敦舉目看杯，許真君乘機隱身脫逃。後來，王敦不聽勸告，舉兵造反，果然死於軍中。

其三，剪除蜃精，為民除害。

據宋代佛道名書《太平廣記》記載，江西累為洪水所害，是有蛟蜃之精作怪。一日，許真君在豫章郡（今江西省南昌市）偶遇一美少年，美少年自稱慎郎。許真君和他說了幾句話，就發現美少年不是人類。過了一會兒，美少年就藉故離開了。許真君對門客說道：「剛才來的那個少年，是個蛟蜃之精。江西累為洪水所害，就是因為牠作怪。如果不及時剪除這個妖怪，恐怕他要逃遁。」

蜃精已經覺察到許真君識破了他，就潛藏到龍沙洲北邊，化作一條黃牛。許真君以道眼遙觀，對弟子施大王說道：「那個蜃精已經化作黃牛。我現在化為黑牛，把手巾掛在脖子上，你可以認出是我。你如看到牛互相爭鬥，就用劍

截後。」許真君就化身而去。須臾，果然看到黑牛向黃牛奔去。施大王用劍向黃牛砍去，砍中黃牛的左股。黃牛逃遁，又化作美少年。這個美少年，既漂亮又富有。潭州刺史賈玉有女，匹配給美少年。後來，許真君追蹤而至，將蜃精殺掉，為民除害。明朝作家馮夢龍《警世通言》第四十卷「旌陽宮鐵樹鎮妖」，描寫的就是這件事。

其四，全家升天，仙跡留存。

傳說，東晉孝武帝寧康二年（374）八月一日，於洪州（今江西省南昌市）西山，有仙人自天降，對許真君說：「奉玉皇詔，授子九州都仙太史高明大使。」八月十五日，舉家四十二口拔宅上升，雞犬隨之。只有一個石函、一個藥臼、一具車轂、一座錦帳，從天上的雲彩裡墜落在故宅上。這真是一件奇事。故鄉的人，就把故宅圍起來，名「遊帷觀」供人們參觀。

許真君活了一百三十六歲，是個長壽真人。許真君升天後，被封為護衛玉皇大帝靈霄殿的天師，從此位列四天師之一。四天師就是張道陵天師、葛洪天師、許遜天師和丘處機天師。

江西省南昌市西山萬壽宮是許真君宮。坐落於距南昌市西南三十公里的西山逍遙山下，是為紀念著名道家人物許真君所建。道教認為除了凡人居住的世界外，還有神仙的處所三十六洞天、七十二福地。許真君棲身修煉的西山則為第四十福地。因他在此仙逝，故又稱「飛升福地」。

西山萬壽宮始建於東晉太元元年（376），初名許仙洞，南北朝改遊帷觀。宋真宗大中祥符三年（1010），升觀為宮，皇帝親書「玉隆萬壽宮」賜額。政和六年（1116），宋徽宗下詔書重建，使其規模擴大，「埒於王者之居」，成為中國最大的道教聖地之一。明清及現代亦多次重修，始成今日之宏偉面貌。萬壽宮內，許真君塑像坐中央，坐像頭部為黃銅鑄成，重五百斤。每年農曆八月初一日許真君誕辰日，這裡都要舉行盛大的廟會，前來趕會進香和遊覽的人絡繹不絕。

葛仙翁

葛洪（約 281—341），字稚川，號抱樸子。丹陽句容（今江蘇省句容縣）人。東晉道教理論家、醫學家和煉丹術家。葛洪的從祖父（其父之叔父）是道教葛仙公葛玄（164—244）。

葛洪十三歲時，父親去世，家道衰落，但他仍然努力向學。十八歲時，到了廬江的馬跡山，拜方士鄭隱（葛玄之徒）為師，學習《正一法文》《三皇內文》等道家經典，還掌握了《黃帝九鼎神丹經》《太清神丹經》等煉丹著述。從此，葛洪由崇信儒家逐漸轉向篤信道教。

公元 306 年，葛洪到廣州向南海太守鮑靚學習神仙方術。鮑靚很欣賞葛洪的才能，不僅把自己的知識傳授給他，還把自己的女兒嫁給了他。

葛洪從廣州返回故里後，潛心修行著述十餘年。由於瘟疫流行，葛洪還學習了醫術。317 年前後，葛洪終於寫成了《抱樸子內篇》二十卷，專門談「神仙方藥，鬼怪變化，養生延年，禳邪卻禍之事」。此書是中國煉丹術史上一部重要的經典著作，全面概括和總結了從西漢到東晉中國煉丹的早期活動和基本成就。此外，還著有《抱樸子外篇》五十卷、《神仙傳》十卷，成為名副其實的煉丹術家。

葛洪還撰寫了《黃帝九鼎神丹經》和《太清神丹經》，是

了解中國早期煉丹術的珍貴史料，可惜這兩部書已經失傳。在葛洪的《抱樸子內篇·金丹篇》中，比較系統地介紹了這兩部書，敍述了各種神丹大藥的煉製，並在書中闡述了他自己的金丹長生觀。

葛洪在醫學方面成績卓著。他著有《玉函方》一百卷，可惜，這本書失傳了。葛洪還寫了一部醫學著作《肘後備急方》，共三卷。經過後世陶弘景、楊用道等人的整理，增廣為八卷。「肘後」的意思是指這本書可以隨身攜帶在胳臂肘後面；「備急」的意思是指該書主要是用於急救病人。該書是中國最早的醫學「急救手冊」。葛洪的《肘後備急方》流傳到現在已經一千六百多年了。

葛洪後來長期在廣州羅浮山（位於今廣東博羅縣東江之濱）修行。羅浮山又稱作東樵山，是道教的「第七洞天」和「第三十二泉源福地」。山上有都虛、孤青、白鶴、酥醪四庵，乃葛洪親自建造。其中，都虛庵在羅浮山東麓朱明洞南，是葛洪修道煉丹行醫採藥的場所。東晉時期，在這裡興建了葛洪祠，用來祭祀葛洪。唐天寶（742—756）年間，葛洪祠擴大為觀。1087 年，宋哲宗趙煦賜額「沖虛觀」。在沖虛觀的側旁，有葛洪的煉丹灶。1094 年，蘇軾被貶經過羅浮山時，題「稚川丹灶」四個字於煉丹灶上。沖虛觀歷代屢經戰火，現存建築是清同治（1862—1874）年間重修的。如今，沖虛觀是全國道教重點宮觀，廣東省重點文物保護單位之一。

46

二徐真君

福建青圃流傳着一句話：「欲識北京皇帝殿，先看青圃靈濟宮。」靈濟宮為何能比皇帝殿且讓青圃人如此自豪呢？因為靈濟宮內供奉的是二徐真君。二徐真君是甚麼來歷呢？

二徐真君是徐氏兄弟二人，一名徐知證，一名為徐知諤，五代十國之吳國人。父親徐溫是朝中權臣，徐溫死後，其養子徐知誥稱帝，建立南唐。兄弟二人獲封江王、饒王。可見，二位真君的出身顯貴異常。

據明譚希思撰《明大政纂要》記載：二徐真君曾奉命帶兵進入福建境內，平定盜亂，維護社會秩序，且能做到秋毫無犯，從不擾民，當地百姓感恩戴德，便在今福州市閩侯縣青圃村為二徐真君立生祠祭祀。據說，生祠建好後，二徐真君經常顯靈，「累著靈應」。

據明陳明鶴著《晉安逸志》記載：「男子曾甲，世居閩縣金鰲峰下灌園，園中有破祠，其神嘗棲箕，自稱兄弟二人，南唐徐知誥之弟知證、知諤也。晉開運二年(945)，率師入閩，秋毫無犯，閩人祀我於此。自是書符療病，驗若影響。」這是說，有一位姓曾的人在青圃澆園，園內有一間破敗的祠堂。他曾經看見有神仙在簸箕上休息。神仙自稱是南唐皇帝徐知誥的弟弟徐知證和徐知諤，因於後晉開福二年帶兵入閩，秋毫無犯，當地

人便在此為我們立祠。就這樣，徐氏兄弟藉助為民療病，聲名日著。二徐真君遂成為福建的地方神。

靈濟宮不僅福建有，北京也曾經有過。北京的靈濟宮名洪恩靈濟宮，始建於明成祖永樂年間（1403—1425），為皇家敕建，規模宏大。這裡供奉的也是二徐真君。那麼，北京為何要供奉他們呢？此事還得從前面那個「曾甲」説起。

據明黃瑜著《雙槐歲鈔》記載：「入國朝，靈應尤著。有道士曾辰孫者，扶鸞則二神降之。文皇帝遣人禱祠輒應。間有疾問神，神降鸞書藥味，如其法服之，每奏奇效。」這是説，到了明朝，二徐真君更加靈驗。有位名曾辰孫的道士（即曾甲）占卜，二徐真君則顯靈。明成祖朱棣派人往二徐真君祠禱告，神仙必有回應。其間向二徐真君問問病情，二徐真君會降書符藥方，按其方法服藥，每次都藥到病除。

明成祖永樂十五年（1417），朱棣敕封徐知證為「九天金闕明達德大仙顯靈薄濟清微洞玄沖虛妙感慈惠洪恩真人」；敕封徐知諤為「九天玉闕宣化扶教上仙昭靈博濟高明弘靜沖湛妙應仁惠洪恩真人」。同年，命以福建靈濟宮為祖宮，敕建北京靈濟行宮。這就是福建和北京兩地靈濟宮的歷史淵源與來龍去脈。

明憲宗以後，對靈濟宮的祭祀和對二徐真君的膜拜開始走下坡路。到明思宗崇禎十五年，朱由檢應大臣之情，下旨禁止祭祀靈濟宮。二徐真君在北京的名氣也漸漸衰弱。如今，北京靈濟宮早已蕩然無存，而福建青圃靈濟宮的香火依然旺盛。

陳摶老祖

提到陳摶老祖，人們會立刻聯想到壽星。其實，他不僅是壽星，而且還是五代宋初著名的思想家、哲學家、內丹學家、太極文化傳人。

陳摶（？—989），字圖南，號扶搖子，賜號「白雲先生」「希夷先生」，一說是亳州真源（今河南鹿邑東）人，另一說是普州崇龕人（今重慶潼南西境）。當時道教門徒都稱其為陳摶老祖。

陳摶老祖年少時，通讀經史，無所不通，立志從政。但因進士不第，於是放棄仕途，棄儒從道，遊山求仙。他隱居武當山修學老莊，服氣辟穀，長達二十載。後在四川，陳摶老祖拜神仙何昌一為師，學鎖鼻術（即胎息內養氣功）；拜善相術的麻衣道者為師，學習易經。十年後，他入峨眉山，號「峨眉真人」。

後周顯德三年（956），陳摶老祖應世宗皇帝柴榮召見。柴榮問以煉丹飛升之術，陳摶老祖答曰：「陛下為四海之王，當以致治為念，奈何留意黃白之事（即煉丹術）乎？」世宗遂賜號「白雲先生」。宋太祖元年（960），宋太祖趙匡胤一召陳摶老祖，不至，以示終生不仕之志。宋太宗太平興國二年（977），趙匡胤二詔入闕，陳摶老祖獻濟世安民「遠

近輕重」之策，即「遠招賢士，近去佞臣，輕賦萬民，重賞三軍」。太平興國九年（984），趙匡胤三召陳摶老祖，仍表終生不仕之志。於是，趙匡胤賜號「希夷先生」。何為希夷？《老子》：「視之不見名曰夷；聽之不聞名曰希。」宋太宗端拱二年（989）農曆七月二十二日，陳摶老祖仙逝於華山張超谷石室，享年逾百歲。

陳摶老祖留下的文化遺產中有刻於華山石壁上的《無極圖》，認為萬物一法，只有超絕萬有的「一大理法」存在。這種觀點經理學家周敦頤、邵雍推演，成為宋代理學思想的組成部分。此外，他還著有《太極先天圖》，解釋了內煉五大程序，即：得竅、煉己、和合、得藥、脫胎。陳摶老祖不僅有思想家、哲學家等名頭，他還有一個更響亮的名頭 —— 睡仙。

他曾自撰過一首《睡歌》，表明了自己的睡眠慾望。歌中唱道：「臣愛睡，臣愛睡，不臥氈，不蓋被，片石枕頭，蓑衣覆地。」有一次，後周世宗柴榮聞其睡仙之名，便將陳摶老祖召入宮中，準備看看睡仙的功力。結果，陳摶老祖也沒客氣，倒地就睡，而且這一睡就是一個月。

陳摶老祖還擅長書法，其書多為行書，字大四尺，雄渾有力。山東省蓬萊市蓬萊閣有陳摶老祖手書「福」字碑，類似的「福」字碑在四川安岳、重慶大足、陝西華山等地皆有保存。

安徽省亳州市有陳摶廟，始建年代不詳。廟內有清光

緒年間所刻「希夷故里」古碑一方，表明當地與陳摶老祖的密切關係。

山東蓬萊閣上的陳摶手書「福」字碑

王重陽

王重陽(1112—1170)，金代道士。道教全真道的創始人。原名中孚，字允卿，後應武舉，易名德威，字世雄。自呼三王(排行第三)或王害瘋。

王重陽祖籍陝西咸陽，自幼好讀書，才思敏捷，擅長騎射。齊阜昌(1130—1137)年間，應禮部試，未第。金熙宗天眷(1138—1140)初年，又應武舉，考中甲科，志氣大增，期望將來大展宏圖。孰料，朝廷僅派其充當一名收納酒稅的小吏。他不由得怒火中燒，忿然辭官，回到故里。之後，他借酒澆愁，自暴自棄，終日百無聊賴。他曾一度試圖皈依佛教，但未能如願。

1160 年秋天，奇事發生了。王重陽在甘河鎮的一個酒鋪裡遇見一位隱士，隱士授其金丹道口訣。據說這位隱士就是大名鼎鼎的呂洞賓、鍾離權的化身。這次奇遇改變了王重陽的命運，竟成了他皈依道教的機緣。後來全真道對王重陽的這次奇遇十分重視，大肆渲染，稱為「甘河遇仙」。次年，王重陽又巧遇劉海蟾，更加堅定了他終身事道的決心。於是，拋家棄子，改名嚞，字知明，悟道出家，當了道士，道號重陽子。又過了一年，即 1161 年，王重陽四十九歲，始在南時村築墓。這是一個極為特殊的墓，人稱「活死人墓」。它有一個深四米的洞穴，王重陽便在洞穴中坐禪，

從此同禪僧過從甚密。「活死人墓」的稱謂，也許意味着俗人王世雄已經死去。在洞穴中坐禪兩年後，他於1163年埋掉洞穴，開始一面修行，一面進行佈教的活動，可是沒有信徒追隨。於是，他痛下決心，親手燒掉茅庵，於1167年，離開陝西，前往山東，傳道度人。

到達山東，他始收第一個弟子馬丹陽，這成為全真道蓬勃興起的一個轉機。此後，王重陽受到更多信徒的信賴，與在陝西時的境遇大相徑庭。他先後收到馬丹陽、譚處端、劉處玄、丘處機、王處一、郝大通、孫不二等高徒。因王重陽在山東寧海自題其庵名為「全真堂」，故凡入道者皆稱為全真道士。

金世宗大定九年（1169年），五十七歲的王重陽又作出了一個大膽的決定。他帶領馬丹陽、譚長春、劉長生、丘處機等四名高徒回歸故鄉陝西。不料，次年一月在大梁（今河南開封）病故羽化，時值1170年舊曆元月初十日，歸葬於終南山劉蔣村故居（今陝西戶縣祖庵鎮）。後全真道尊奉該地為祖庭。

王重陽主張儒、釋、道三教合流平等。他提倡「全神煉氣」「出家修真」，不煉外丹，並制定了道士出家的制度。他主張修道者必須斷絕酒色財氣、攀援愛慾和憂愁思慮，如此雖身處凡塵而心已入聖境。這些對人生都具積極意義。

其著作有《重陽全真集》《重陽教化集》《重陽立教十五論》等。

49

丘真人

丘真人（1148—1227），金代道士，道教全真道北七真之一。姓丘，名處機，字通密，號長春子，亦作邱處機，登州棲霞縣（今屬山東）人。

丘處機生而聰敏，有相面人說：「此子當為神仙宗伯。」十九歲時，他辭親出家，居寧海崑嵛山（今山東牟平東南），拜王重陽為師，入全真道。

金世宗大定九年（1169），王重陽攜弟子四人西遊，次年途中得道飛升於開封，臨終前囑咐道：「處機所學，一任丹陽。」自此，丘處機在馬丹陽教誨下，知識和道業迅速長進，與其他師兄弟合稱「全真七子」。他們是：丹陽子馬鈺、長真子譚處端、長生子劉處玄、長春子丘處機、玉陽子王處一、廣寧子郝大通、清靜散人孫不二（馬鈺之妻）。全真七子隨王重陽一起弘揚道教全真道派。

丘處機在王重陽仙化後，於金世宗大定十四年（1174），入磻溪穴居，乞食度日，一心修道，歷時六年，行攜蓑笠，擋風遮雨，不以為苦，人稱「蓑笠先生」。後又赴隴州龍門山（今寶雞）隱居潛修七年，與世隔絕。這期間，他「煙火俱無，簞瓢不置」「破衲重披，寒空獨坐」，生活極為清苦，但「靜思忘念，密考丹經」，潛心於養生學和道學的研究，並廣交當地文人學士，獲得了豐富的歷史、文化知識，終於

丘處機像

成為全真道龍門派創始人。從此，名聲遠播。

此時，丘處機做了生平的第一件大事，即應皇帝金世宗聖詔到北京傳教。

丘處機雖長期從事宗教活動，但對社會問題有着敏銳的洞察力。他深知要使自己的理論有長盛不衰的生命力，必須要得到統治階級的全力支持。他首先取得當時信奉道教的金世宗青睞。金世宗大定二十八年（1188）三月，四十歲的丘處機應金世宗詔，一月內兩次奉旨進京，探討其長生與治國保民之術。塑王重陽、馬丹陽（時已去世）像於宮觀，主持了「萬春節」醮事。對皇帝作出了「持盈守成」的告誡。丘處機首次向最高統治者宣傳自己的「剖析天人之理，演明道德之宗，甚愜上意」主張，並取得了成功，為其擴大全真道的影響和提高自己的社會地位無疑起了重要作用。

丘處機生平做的第二件大事，是應元太祖成吉思汗聖詔親赴中亞。

金朝末年，丘處機見國勢衰敗，便隱居於家鄉棲霞傳道授徒。期間，他筆耕不輟，不斷總結和整理全真道的理論。丘處機一生的著述有《攝生消息論》《大丹直指》《磻溪集》《玄風慶會錄》《鳴道集》等。

金興定三年（1219），成吉思汗西征途中，聽隨行的中原人介紹丘處機法術超人，遣使相召。次年秋，七十二歲的丘處機毅然接受了成吉思汗之邀，率弟子尹志平、李志常等十八人，長途跋涉，歷盡坎坷，耗時二載，終於在大雪

山（今阿富汗興都庫什山）與成吉思汗會見。當時的丘處機已經是七十四歲的老人了。他向元太祖進言「敬天愛民為本」「清心寡慾為要」，成吉思汗聞之大喜，特賜號「神仙」，賞爵「大宗師」，命其在燕京（今北京）掌管天下道教。自此，全真道得到長足發展。

　　丘處機死後，元世祖至元六年（1269）褒贈「五祖七真」徽號，賜號「長春演道主教真人」，世稱「長春真人」。遺骸葬北京白雲觀處順堂（今邱祖殿）。徒弟李志常著《長春真人西遊記》，記其西行經過。

薩真人

薩真人，原名薩守堅，又稱薩天師，崇恩真君。宋代著名道士，號全陽子。一說為蜀西河（今四川省郫縣唐昌鎮）人，一說南華（南華山在今山東省東明縣東南）人。道教將其與張道陵、葛玄、許遜並稱為四大天師。

俗話說：男怕入錯行。薩守堅本是醫師，但醫術平平，甚至說他是庸醫也不為過，因為他曾經誤開藥方將病人醫死。不得已，薩守堅棄醫從道。這次他終於選對了行。他在學道的路上先是在青城山遇到了神霄派創始人王文卿和林靈素，獲傳咒棗術和扇疾術；後在龍虎山遇到第三十代張天師張虛靖，獲傳雷法，從此薩守堅法術大進。薩守堅除法術濟貧拔苦、鏟奸除害、為民報冤外，還將經驗和知識總結成冊，撰著《雷說》《內天罡訣法》《續風雨雷電說》等書，存於《道法會元》經籍之內。明成祖朱棣篤信道教，封薩守堅為「崇恩真君」，供奉在北京天將廟（後易名顯靈宮）。

說到天將廟，還得提到一個人。他是薩守堅的徒弟，但名氣比薩守堅大得多。他就是王靈官。明成祖朱棣在敕封薩守堅的同時，還封王靈官為「隆恩真君」，將兩人一同供奉在天將廟內。

此後，薩守堅道行更高，名聲更大。玉皇大帝封其為「天樞領位真人」。

張三丰

張三丰是個説法最多的神仙。他是何時人、他在何地生、他姓氏如何，這些都是一團謎，眾説紛紜，莫衷一是。

他到底是何時人？《異林》説是宋時人，常從太守入華山謁陳摶。《明史》或曰金時人，無名氏作傳又説出自元末。《張三丰先生全集·集記》定為元初人。

他到底在何地生？其籍貫何處，也歧説紛出。《山西通志》説是平陽人或猗氏人，《陝西通志》説是寶雞人，《四川總志》謂或曰天目人。但以遼陽懿州（今屬遼寧）人一説較多，《集記》予以肯定，並舉出其父母墓在遼陽積翠山。

他到底姓甚名誰？其名與字，尤為雜亂紛歧。其名：一名通，一名金，一名思廉，一名玄素，一名玄化。其字：字曰玄玄、山峰、三峰、君寶，《檗記》又稱字君實、鉉一、全一。其號：昆陽；因不修邊幅，又號張邋遢。

綜上，張三丰生於元初，遼陽懿州人，一名君寶，號昆陽，外號張邋遢。

據稱張三丰聰明過人，過目成誦，行為怪異，有奇士相。一年到頭，只一衲一蓑。一餐能食升斗，或數日一食，或數月不食。料事如神，事能前知。最初住在寶雞縣，後入

武當山。明太祖洪武二十四年（1391），明太祖派遣使臣在全國尋找他，但沒有找到。明成祖永樂初年，朱棣又派遣使臣到處察訪，還是沒有找到。明英宗正統元年（1436），朱祁鎮封「通微顯化真人」。明憲宗成化二十二年（1486），朱見深封「韜光尚志真仙」。明世宗嘉靖四十二年（1563），朱厚熜封「清虛元妙真君」。後人輯有《張三丰先生全集》。

據傳，張三丰曾經在湖北武當山（太和縣）結廬修行，修煉時間長達二十餘年。按理，《太和縣志》應該對張三丰有詳細記載，但那裡並沒有關於張三丰會拳術的記述。

張三丰真正為民間所熟知，那是明成祖朱棣以後的事。明太祖朱元璋有二十六個兒子。朱元璋立長子為皇太子，但皇太子不久病逝，就立長孫朱允炆為皇太孫。同時，將諸位皇子分封到各地為藩王，第四子朱棣封為燕王。後來，明太祖病逝，皇太孫朱允炆繼位，是謂建文帝。建文帝感到，對他的皇位構成最大的威脅是諸位封王的皇叔。為此，建文帝就採取了削藩的策略。他先是削掉了五位較弱的藩王，將他們廢為庶人，燕王朱棣亦岌岌可危。早有準備的朱棣殺掉朝廷大員，起兵造反。經過四年的苦戰，最後攻佔首都南京，趕跑了建文帝，自己做了皇帝，是謂明成祖。但是，建文帝的下落卻是個謎。

建文帝朱允炆的遺蹤有多種說法。有的說，他被宮中的大火燒死了；有的說，他出家當了和尚；有的說，他成功地逃到了雲南；有的說，他出逃到了海外。

張三丰，明代徽派版畫，
選自《仙佛奇蹤》，
此套大致為明萬曆三十年（一六○二）序刊本

對於建文帝朱允炆的下落，明成祖朱棣是非常關注的。因為這關係到他的政權的穩定。為此，明成祖朱棣就不惜重金，興師動眾，到處秘密察訪建文帝朱允炆的蹤跡。

第一個被派出尋找建文帝朱允炆蹤跡的是太監鄭和，他與王景弘等人於永樂三年（1405）出使西洋，目的之一是尋找建文帝朱允炆。《明史》中說：「成祖疑惠帝亡海外，欲蹤跡之。」於是便有了「三保太監下西洋」的盛事。

第二個受命秘密察訪建文帝朱允炆蹤跡的是戶科都給事中胡濙。明成祖永樂五年，朱棣命他以頒御製諸書及訪尋仙人張邋遢（張三丰）為名，「遍行天下州郡鄉邑，隱察建文帝安在」，其主要任務是想查找建文帝朱允炆的蹤跡。但收穫不大，除了得到更多的傳聞，並未有實質性的進展。然而，都給事中胡 的察訪，地域很廣、層次很深、時間很長，而且是以察訪道士張三丰的名義進行的。因此，民間就都知道了皇帝要尋找一個著名道士張三丰。張三丰由此名聲大噪，百姓皆知。

直到明成祖永樂二十一年（1416），根據胡濙的密報，明成祖朱棣深信建文帝朱允炆已經死去，才下令停止追訪。但是，這已經過去二十一年了。而這二十一年間，張三丰的名聲已經深入人心。為此，明成祖朱棣不得不在武當山大修道觀，以掩人耳目。

明成祖朱棣知道，自己的皇權是武裝搶奪來的，名不正言不順。為此，明成祖朱棣尊奉道教真武帝君，希圖造成

皇權神授的印象。湖北均縣武當山是我國道教名山之一，從周朝開始，即成為著名的道教聖地。明成祖永樂十一年（1413）六月，朱棣令隆平侯張信、駙馬都尉沐昕等人，徵調軍匠民夫三十多萬人，大規模營建武當山道教宮觀。明成祖朱棣下詔諭示群臣：「創建武當山宮觀，借太祖、太后之福，祈求天下黎民百姓，歲豐人康。」

營建武當山宮觀用了近六年時間，到明成祖永樂十六年（1418）十二月竣工。宮觀建成後，明成祖朱棣賜名為「太嶽太和山」，並把二百七十七頃農田連同田上農戶一起賜予宮觀，以供衣食之用。另又挑選道工近三百人負責管理、灑掃宮觀等事宜。宮觀包括殿觀、門廡、享堂、廚庫數百間，明成祖朱棣還親製碑文記述這一事件。

武當山經過這次大規模營建之後，吸引了大批香客、遊人。各地藩王也無不效仿，紛紛在所在各州設立道觀。為此，明成祖朱棣在各州設置官吏和千戶所，用以管理道教事務。明成祖朱棣以後，凡新皇帝即位，都派使臣前往武當山祭拜真武帝君，以此表明自己受命於天。後來的明世宗嘉靖皇帝再次對武當山宮觀進行大規模修建，奠定了武當山八宮、兩觀、十祠、三十二庵的規模。

武當山道觀裡的銅鑄塑像，別具一格。明成祖朱棣擴建的武當宮觀內有大小道教神像數以萬計，這些塑像以銅鑄像為主，製作精細，充分顯示了當時高度發達的金屬鑄像水平。現存於武當山文物保管所的張三丰銅鑄塑像，做於

明代永樂年間，是一件極為珍貴的文物，也是現今保存較好的作品之一。鑄像張三丰正襟危坐，面目和善，沉穩嚴肅，精神矍鑠。其體內似蘊藏着綿綿無盡的沛然真氣。在衣褶處理上，作者採用了完全寫實的手法。衣褶平貼着身體，線條流暢，十分真實。整個銅像重達七千餘斤，是明代銅像中難得的佳作。

中國功夫，南有武當，北有少林。北方少林派注重腿法，它踢腿很厲害，叫「南拳北腿」。除了練腿法以外，它的內功也很重要，叫「內練一口氣，外練筋骨皮」。而武當山的內家拳，主要是和道教文化有關係。它強調的是，以靜制動、以柔克剛，四兩撥千斤的功夫。在武當派拳論中有這樣的精闢論述：「以氣為源，以椿為本，動靜結合，守中用中，無微不至，無堅不摧。」張三丰主張，太極拳神韻超然，體用兼備。它體現出道家清淨自然、行雲流水、動如抽絲、靜如山嶽的修煉方法。張三丰獨創出武當武術的獨特風格，即鬆沉自然、外柔內剛、行功走架、連綿不絕。

張三丰還有一些民間故事。張三丰原名張君寶，自小被父母送到清風觀修行。君寶生活在南宋時期，岳飛率軍北伐，江南義軍群起響應。然而，奸相秦檜卻為一己私利陷害岳飛，煽動皇上以十二道金牌將岳飛招回。江南義軍探知秦檜陰謀，力圖營救岳飛。於是，舉行了一場武林大會，推舉盟主。在武林大會上，張君寶結識了武林盟主易天行以及女俠秦思容等。誰知，秦思容乃秦檜養女，被秦檜安置

在義軍中做臥底。由於秦思容的告密，岳飛終在風波亭就義，張君寶卻在無意之間得到岳飛的遺物。為追討遺物，秦檜四處派出殺手，開始了對張君寶的一路追殺。

關於張三丰，民間還有另外的傳說。張三丰的「丰」，亦作「峰」。宋代技擊家，武當派之祖師。其法以禦敵為主，非困不發，純用內功，故稱內家拳。其實，宋朝的張三峰就是張三丰，他們是同一人。

第
六
章

護法神

52

四大元帥

道教四大元帥究竟是哪四位神仙，歷來說法不一。大體涉及馬、趙、溫、關、周、岳、康七位神仙，形成三種說法。

第一，馬、趙、溫、關四大元帥說。

這馬趙溫關，具體指誰呢？明羅懋登著《三寶太監西洋記通俗演義》第十三回，對馬趙溫關四位元帥作過描寫。文中記到，張天師請神，取出那個令牌來，拿在手裡，連敲三下，喝聲道：「一擊天門開，二擊地戶裂，三擊馬、趙、溫、關赴壇！」敲了三下令牌，急忙裡把個飛符燒了兩道，猛聽得半空中嘩喇喇一聲響，響處落下四位天神：同是一樣兒的長，長有三十六丈；同是一樣兒的大，大有一十八圍。他們長相如何？馬元帥生得白白的，白如雪；趙元帥生得黑黑的，黑如鐵；溫元帥生得青青的，青如靛；關元帥生得赤赤的，赤如血。

他們到底是誰呢？馬元帥是靈官馬元帥、馬天君，又稱華光天王、華光大帝；趙元帥是趙公明，又稱趙玄壇，同時也是家喻戶曉的財神；溫元帥名瓊，即溫瓊，是東嶽大帝的佑嶽之神，玉帝封其為亢金大神；關元帥即關聖帝君關羽，又叫關帝、關公。這裡的馬元帥、趙元帥、關元帥筆者在其他部分還會有所介紹，唯獨溫元帥涉及很少。現在

溫元帥像

專門說說溫元帥。

明代學者宋濂在《溫忠靖公廟碑》和《三教源流搜神大全》中描寫了溫元帥。溫元帥為泰山神，是東嶽大帝的部將。姓溫，名瓊，浙江溫州人。

其降生有一段神奇故事。其父溫望，曾中科第，但年老無嗣。他與夫人張氏日夜祈禱於上帝。上帝居然顯靈。某夜，張氏忽夢見一天神手擎火球自天而降，云：「我乃天火之精，玉帝之將，欲降胎為神。」張氏頓覺赤光被體，因而有妊。於是，在後漢順帝漢安元年(142)降生一嬰。溫瓊生時頗為神奇，左脅有篆書符文二十四字，右脅有篆書符文十六字。張氏對家人說，夢見神人送給玉環，因而取名曰「瓊」，字小玉。

溫瓊是一個神童，「幼而神明」。七歲學步天星，十歲通儒，十九歲科第不中，二十六歲明經射策亦不中。溫瓊遭到沉重打擊，感歎命運不公。他感歎道：「吾生不能致君澤民，死當為泰山神，以除天下惡厲耳。」此時，奇跡發生了。「鬱鬱間，忽見蒼龍墮珠於前，拾而含之，流於腹」。於是溫瓊瞬間變幻。「面青，髮赤，藍身揉猛，握簡，遊衍坐立，英毅勇猛」，溫瓊至此變成了面青髮赤的神仙模樣。溫元帥的使命，書中載明：「有能行吾法，誦吾偈者，慈惠民物以伐妖精，治病驅邪，吾當顯靈，斯言不忘！」自此，東嶽大帝將其召為佑嶽之神。

玉帝對其特殊青睞，封其為亢金大神。賞賜玉杯一隻、瓊花一朵、金牌一面。金牌之上寫有「無拘霄漢」四字，此

乃出入天門的特級通行證。五嶽眾神將中，只有溫瓊享有如此殊榮。

宋代，溫瓊被封為翊昭武將軍正佑侯，正福顯應威烈忠靖王。

第二，馬、趙、溫、周四大元帥說。

清曹雪芹著《紅樓夢》第一百零二回曾提及大觀園冷落時，賈赦請道士作法驅邪，就供有四大元帥神像，他們是馬、趙、溫、周。小說寫道：「賈赦沒法，只得請道士到園做法事，驅邪逐妖。擇吉日，先在省親正殿上鋪排起壇場，上供三清聖像，旁設二十八宿，並馬、趙、溫、周四大將，下排三十六天將圖像。香花燈燭設滿一堂，鐘鼓法器排兩邊，插着五方旗號。道紀司派定四十九位道眾的執事，淨了一天的壇。」

這裡的馬、趙、溫，我們已經知道是誰了。這個取代了關羽的周究竟是誰呢？據說，周元帥就是明余象斗著《北遊記》第十三回描寫的風輪周元帥廣澤大王。此神赤髮獠牙，腳踏風輪，手提大刀。他專門刺探人間貪婪鬼和色情狂，如果一旦發現此等敗類，當即將其用風吹入洞內享用。他有一個絕招，即念動真言，其風輪便轉動起來，風聲颼颼起，狂風大作，可把邪類吹到三十三天之外。於是，玉帝將其封為風輪元帥，成為北方真武大帝的部將。

第三，岳、趙、溫、康四大元帥說。

岳是岳飛、岳武穆王。據清錢彩等著《說岳全傳》云，

岳飛係如來佛頂大鵬金翅鳥降世，死後當然回歸我佛如來處仍當菩薩。但是，為甚麼佛界的神仙竟然調守南天門，成為道界之仙，就不明白了。

康元帥名康席。明余象斗著《北遊記》説他原本是黑松林妖怪，殺人越貨，後被妙樂天尊降伏，歸真武大帝，被玉皇大帝封為「仁聖康元帥」。《三教源流搜神大全》則稱他從來慈悲為懷，不傷螻蟻，「四方謂之能仁，聲聞天下」，故有「仁聖」之譽。

現在中國台灣地區的彰化和嘉義還有康元帥和趙元帥合廟，金碧輝煌，供信徒膜拜。

53

關聖帝君

關聖帝君是道教對三國蜀國名將關羽的稱號。道教還尊稱其為蕩魔真君、伏魔大帝、昭明翊聖天尊，簡稱關公、關帝，俗稱關老爺。

關羽歷史上確有其人。西晉陳壽著《三國志》對關羽的生平有詳細記載。元末明初小說家羅貫中所著的《三國演義》又對關羽的生平做了藝術的加工。關羽，字雲長，河東解良（今山西解虞縣）人。關羽相貌非凡：身長九尺，髯長二尺，面如重棗，唇若塗朱，丹鳳眼，臥蠶眉，相貌堂堂，威風凜凜。東漢末年，因豪強倚勢凌人，被關羽殺了，亡命奔涿郡。當時劉備在鄉里招兵買馬，他與張飛往投，誓共生死，救困扶危。在桃園結為異姓兄弟，不求同年同月同日生，只願同年同月同日死。後世傳為佳話，稱之為「桃園三結義」。他們同起義兵，爭雄天下，共推袁紹為盟主。在袁紹麾下，關羽「溫酒斬華雄」，威名大振。

官渡之戰前，曹操分兵東征，大敗劉備，關羽被俘。關羽同曹操約定三事而暫居曹營。曹操引關羽朝見漢獻帝，漢獻帝封其為偏將軍。在白馬之戰中，關羽斬袁紹大將顏良、文醜，朝廷封其為漢壽亭侯。以後掛印封金，過五關，斬六將，仍投奔劉備。劉備封其為蕩寇將軍，並派其鎮守荊

州，任荊州牧。劉備為漢中王，拜關羽為前將軍，假節鉞，率眾攻曹軍。關羽水淹七軍，擒于禁，斬龐德，威震華夏。在圍攻樊城時，關羽右臂中曹軍毒箭，名醫華佗為其刮骨療毒。關羽邊飲酒，邊下棋，談笑風生，旁若無人，表現了一派英雄氣概。後孫權派將襲荊州，他因驕輕敵，兵敗被殺，時年五十八歲。死後追諡為「壯繆侯」。孫權害怕劉備復仇，獻關羽首級至洛陽，欲嫁禍於曹。曹操識其謀，贈關羽為「荊王」，刻沉香木為軀，以王侯之禮葬關羽於洛陽南門外。故世有關羽頭葬河南洛陽關林，身葬湖北當陽玉泉山之說。

關羽力敵萬夫，勇武異常，恪守忠義，堅貞不二。其一生的表現，為佛、道、儒三教稱道。《三國演義》描寫，關羽遇難後陰魂不散，蕩蕩悠悠，直至荊州當陽縣玉泉山上空，大呼曰：「還我頭來！」山上老僧普淨聞曰：「昔非今是，一切休論；後果前因，彼此不爽。今將軍為呂蒙所害，大呼還我頭來，然則顏良、文醜、五關將等眾人之頭，又將向誰索耶？」關羽恍然大悟，遂皈依佛門。

宋代以後，關羽逐漸被神化。宋哲宗趙煦封其為「顯烈王」，宋徽宗趙佶封其為「義勇武安王」。元代加封為「顯靈義勇武安英濟王」。特別是元末著名長篇小說《三國演義》的問世，使得關羽名聲大震，在民間產生了極為深遠的影響，成為「古今第一將」。到了明代萬曆年間，明神宗朱翊鈞加封關羽為「協天護國忠義帝」「三界伏魔大帝神威遠鎮天尊關聖帝君」。清順治皇帝對關羽的封號長達二十六字，

即：忠義神武靈佑仁勇威顯護國保民精誠綏靖翊贊宣德關聖大帝。清乾隆皇帝封其為忠義神武靈佑關聖大帝，配設武廟，列為國祀要典。

明清時代，關羽地位極顯。在民間，有「武王」「武聖人」之尊，儼然與「文王」「文聖人」孔老夫子並肩而立。

由於關羽被百姓附會成具有治病除災、驅邪避惡、誅叛剿逆、巡冥察司、乃至招財進寶、庇商佑賈等無邊法力，所以得到民間百姓的尊崇和膜拜。明清之際，各地的關帝廟蜂起，舊時僅北京一地粗略統計就達二百多座。據說，全國的各類廟宇中，關帝廟最多。而最大的關帝廟是山西運城縣解州西關的關帝廟。此廟佔地三十畝，地面中心建有一座春秋樓。樓內有一尊關羽的彩色塑像，形象逼真。

靈官馬元帥

靈官馬元帥又叫三眼靈光、三眼靈耀、華光天王、華光大帝、花酒馬靈官、馬天君、馬王爺等。靈官馬元帥是道教諸神中有名的三隻眼，神通廣大，法力無邊，上天入地，幾生幾死。俗語對人示威道：「叫你知道馬王爺三隻眼！」

靈官馬元帥的本事來源於《三教搜神源流大全》卷五。這位三眼神將本是如來身邊的至妙吉祥，乃法堂前的一盞油燈化成。他具備五通本領：天中自行，地中自裂，風中無影，水中無礙，火中自在。

他曾三次顯聖，大鬧三界。

第一次，因為毀了「焦火鬼墳」，違反佛法，被罰下凡。於是以五團火花託胎於一馬姓人家，生來竟三隻眼睛，母親大異，就叫他「三眼靈光」。馬靈光生下來三天就會打架，為除掉水孽，曾殺了東海龍王，又偷走紫金大帝的金槍，後被殺。第一次顯聖就結束了。

第二次，又「寄靈」於火魔公主。出生後，顯出異相，左手有個「靈」字，右手有個「耀」字，故名「靈耀」。他拜妙樂天尊為師，學得神術，得到法器三角金磚。自此，他降伏烏龍大王，斬首揚子江龍。玉帝聞訊，很是欣賞，讓他掌

管南天事，並賜瓊花宴。宴席上，金龍太子惹惱了靈耀，靈耀大怒，火燒南天門，大敗眾天將，又下海二次大鬧龍宮。後被逼得走投無路，投胎鬼子母。第二次顯聖又完事了。

　　第三次，馬王爺出世是為救母親。馬王爺為救母親，

靈官馬元帥像

歷盡千難萬險，入地獄、步靈台、過酆都、入鬼洞、戰哪吒、竊仙桃，無意間竟與齊天大聖一通惡戰。直鬧得驚動了如來佛，如來佛親自為他倆和解。玉帝看他也是個將才，讓他當了真武帝的部將，遂歸入道教神統中。

人間對馬王爺極為虔敬。一些城隍廟祭祀華光大帝，南方還有一些祭祀華光的華光廟。民間傳說，如有「妻財子祿之祝，百叩百應」。求男生男，求女生女；買賣一本萬利；讀書金榜題名。這當然是祈求者的熱望。

民間又把馬王爺視為「火神」。明余象斗著《北遊記》中說，華光就是「火星」，玉帝曾封他為火部「兵馬大元帥」。他又有「金磚」「火丹」等法寶，只有真武帝用「北方壬癸之水」，才能將其制服。

道教把馬王爺的「神誕」定為陰曆九月二十八日，可他八月初一日就由天上下凡。如果八月初一日這天下雨，那麼一年的火災就少。當然，北方和南方對馬王爺的祭祀形式還是有所不同的。

山西省榆次縣縣衙建築群的五廟之一的馬王廟，是比較典型的馬王廟。它面闊五間，裡面正中塑馬王爺像。馬王爺的形象是三眼四臂，左右配牛王、水草，東為橋神，西為路神。檐柱通天掛着二龍戲珠的木浮雕，兩邊雀替由草龍及博古圖案構成，門楣上彩繪有三十幅山水花鳥畫。馬王廟匾額：馬王殿。楹聯：房駟騰輝周鳳駕；驊騮獻瑞冀空群。

55

王靈官

靈官是道教的護法鎮山神將。進入道教的宮觀，山門內的第一座殿往往為靈官殿，殿中供奉着一位神將。他身披金甲，足蹬火輪，赤面髯鬚，三目怒視，左持靈訣，右舉鋼鞭，形象威猛，令人生畏。這就是道教的護法神將王靈官，又稱火車靈官王元帥。王靈官常塑在山門之內，鎮守道觀，其作用相當於佛教中的韋馱。

道教號稱有五百靈官，其中有四大護法靈官，又稱四顯靈官。王靈官為總靈官，亦稱都靈官。據《新搜神記》記載，王靈官本名叫王善，宋徽宗(1101—1125年在位)時期人。曾從師於西蜀薩守堅薩真人受道符之法。明成祖朱棣封薩守堅為崇恩真君時，加封王靈官為先天大將火車王靈官、玉樞火府天將及隆恩真君。為道教的第一大護法靈官。又據西漢劉向著《列仙傳》卷八說：王善是湘陰(今江蘇淮陰)城隍廟的城隍。他就是在任職城隍時與薩守堅相識的。

據說，某日，薩守堅雲遊到江蘇湘陰。時近傍晚，便到城隍廟借宿。城隍王善感到薩道士礙眼，就故意託夢於地方官湘陰太守，告狀道：「本宮幾日前忽然投宿一個散漫道人，賴着不走，攪得本城隍寢食難安。望太守儘快將他轟走，不然本城隍難保此地安全。」太守無法，便派人把薩守

王靈官像

堅趕出了廟門。薩守堅很是生氣，覺得他們欺人太甚。恰在此時，有人抬着一頭豬，到廟裡還願。見此情形，薩守堅更是氣憤，一股莫名之火湧上心頭，暗自道：「我將此不義之廟燒了也罷！」就順勢拿出一把炷香遞給抬豬人道：「請將此炷香放到香爐裡焚燒掉！」此抬豬人不知就裡，如法辦理，不料天上突然降下一道雷光，將城隍廟燒了個精光。原來，薩守堅不滿城隍王善所為，略施法術，薄懲了王善城隍，使其無處安身。此事，城隍王善不仁在前，薩道士不義在後，都不仗義。

城隍王善無處安身，就到玉皇大帝處告狀。玉皇大帝未及詳察，令王善私察暗訪薩守堅的言行，並賜給他一條神鞭，如發現薩守堅違犯天條，可以便宜行事，先懲後奏。得此上方敕令，王善大喜，心想你薩守堅等着瞧。自此，王善就做了一介隱形的跟蹤行者，風來雨去，曉行夜宿，時時刻刻地觀察着薩守堅的行蹤，恨不得以最快的速度發現薩守堅的缺失，以便施以報復。一日，薩守堅徒步到達一處渡口。他發現渡口停有擺渡的扁舟，但是沒有船夫。他久等船夫不至。薩守堅看看天色已晚，不能再等了，便登上扁舟，自行擺渡過河。王善心中竊喜，看你是否給足船錢。如果薩守堅不給足船錢，我就當即將你拿下。薩守堅不慌不忙地將小舟擺渡到對岸，離船前，掏出三文錢放在小船裡。擺渡只要一文錢就夠了。薩守堅並沒有想佔便宜，登岸後大踏步地向前走去。王善看得真切，見此情景，十分感動。

此後的歲歲年年，王善都是這樣地跟蹤着。薩守堅做了不少善事，王善都是親眼所見。隨着薩守堅功德的提升，他的仙位也在不斷地提高。不久，薩守堅功德圓滿，修成正果，位列仙班，成為薩天師。

一日，薩天師來到龍興府，到江邊洗手，忽見水中有一模糊的怪影，大吃一驚，高聲喝道：「你是何物，速現形！」剎那間，一位神人騰空而起。只見他，身披金甲，足蹬火輪，右手執鋼鞭，左手掐靈訣，面皮醬紫，虬鬚怒張，獠牙外露，雙目圓睜，特殊的是，他的額頭正中還長着一隻眼睛。這隻眼睛射出了如電的目光，直射薩天師。不過，這位神人並無敵意，落定地面，上前施禮道：「吾乃先天大將火車王靈官是也，久執靈霄殿。原奉玉帝之命，在湘陰小廟就食，做一土地爺。不料，真人無故焚了吾廟，使吾全家孤苦無依。吾乃訴於玉帝，玉帝見吾可憐，賜一神鞭，命吾對你緊密相隨，如遇真人有違天條者，可先懲後奏。吾隨真人十二載，真人並無違犯天條者，令吾至為感動。今真人將供職於天庭，吾願追隨左右，做一部將。」薩天師答道：「我和你是有緣分的。不過，你曾經是一個邪神，你以後能永遠地崇道奉法嗎？」王善立表真心，發誓永遠遵奉道規，為民行善。於是，薩天師就收下了這個徒弟。

此後，師徒二人，多方行善，除暴安良，都修成了正果。於是，玉帝敕封薩天師為都天宗主大真人。薩天師欲封王善為其隨身部將，但王善看到人間道觀甚多，卻不見保

護道觀的護法之神，就自動請纓，下凡到人間，擔任鎮山護廟之職。玉帝答應了他的請求，王善就下到了人間。自此，道觀山門內的第一座殿，即為靈官殿，殿內供奉着王靈官的法身。

王靈官糾察天人，剛正不阿，疾惡如仇，除邪扶正，得到老百姓的好評：「三眼能觀天下事，一鞭驚醒世間人。」一般的道觀裡都供奉着王靈官像。一些大型道觀的王靈官像還獨具風采，有很高的藝術價值和歷史價值。如北京的白雲觀、天津的娘娘宮、武漢的長春觀、蘇州的玄妙觀等道觀的王靈官的造像，即極具風采，非常著名。

56

三十六天將

道教稱，北斗叢星中有三十六個天罡星，每一個天罡星各有一個神，合稱「三十六天罡」。這就是三十六天將，他們在道教符咒中常被請來下凡驅鬼。

《北方真武祖師玄天上帝出身全傳》稱，三十六天將都是真武大帝收服的神，全部隸屬真武麾下。他們的名稱如下：

水火龜蛇二將，趙元帥趙公明，顯靈關元帥關羽，雷開、苟畢二元帥，風輪元帥周廣澤，盡忠張元帥張健，火德謝元帥謝仕榮，靈官馬元帥馬華光，管打不信道朱元帥朱彥夫，考較黨元帥黨歸籍，仁聖康元帥康席，混炁龐元帥龐喬，降生高元帥高原，降妖避邪雨元帥雨田，威靈瘟元帥雷瓊，神雷石元帥石成，虎丘王高二元帥王鐵、高銅，先鋒李元帥李伏龍，糾察副元帥副應，太歲殷元帥殷高，猛烈鐵元帥鐵頭，雷母朱佩娘，雷公酆都章元帥，月孛天君李娘，豁洛王元帥王忠，楊元帥楊彪，劉天君劉俊，聰明二賢商委、師曠，二太保任無別、寧世誇，鄧元帥鄧成，辛元帥辛江，張元帥張安。

這裡要將龜蛇二將算成一個天將，不然天將的總數就是三十七位。也有的學者認為，三十六天將不是三十六天

罡星，而是另有其人。他們是：

蔣光、鍾英、金遊、殷郊、龐煜、劉吉、關羽、馬勝、溫瓊、王善、康應、朱彥、呂魁、方角、耿通、鄧鬱光、辛漢臣、張元伯、陶元信、苟雷吉、畢宗遠、趙公明、吳明遠、李青天、梅天順、熊光顯、石遠信、孔雷結、陳元遠、林大華、周青遠、紀雷剛、崔志旭、江飛捷、賀天祥、高克。

這裡的人物，其來源五花八門。有的是歷史人物，有的是道教人士，有的是傳說人物，有的是杜撰神明。

四值功曹

四值功曹是道教所奉的天庭中值年、值月、值日、值時四神，相當於天界的值班神仙。他們是值年神李丙、值月神黃承乙、值日神周登、值時神劉洪，亦稱四值神。四值神執掌的是專門記錄天界真神的功勞並負責向玉皇大帝稟報。此外，人間上奏天庭的表文，焚燒後也由他們呈遞。道教設置的四值神，因值守類似人間郡縣掌管功勞簿的功曹，故稱四值功曹。

四值功曹是道教四位小神仙，但神仙終歸是神仙，並不因位卑而言輕。他們的工作除為神仙記錄功勞外，還有護衛功能。如在《西遊記》中，他們受玉皇大帝之命暗中保護唐僧師徒四人等。他們在人間也很受重視。道教打醮作法請來的符文籙命，都要請四值功曹送往天庭。這裡，四值功曹又有了郵遞員的功能。

四值功曹像

六丁六甲是道教神名，六丁和六甲的合稱。六丁六甲是道教的護法神將，據說，六丁六甲為天帝役使，能「行風雷，制鬼神」。六丁為丁卯、丁巳、丁未、丁酉、丁亥、丁丑，是為陰神；六甲為甲子、甲戌、甲申、甲午、甲辰、甲寅，是為陽神。《無上九霄雷霆玉經》說：「六丁玉女，六甲將軍。」

早在漢代，就有方士用六丁之法「占夢」。《後漢書‧梁節王傳》即說梁節王「數有惡夢，從官卞忌自言能使六丁，善占夢」。卞忌自稱擁有使用六丁之法，可以「占夢」。他的方法是，先齋戒，然後其神至。神仙來了，「可使致遠方物，及知吉凶也」。這個占夢之法後來演變為六丁六甲。

道士齋醮作法時，常用符籙召請「祈禳驅鬼」。道經有《靈寶六經秘法》和《上清六甲祈禳秘法》。道教的這個六甲符籙是一種甚麼秘法呢？其實，就是所謂的「除惡驅鬼」的符籙。北宋張君房著《雲笈七籤》卷十四稱：「若辟除惡鬼者，書六甲、六乙符持行，並呼甲寅，神鬼皆散矣。」這是說，驅除惡鬼時，道士要書寫一個六甲、六乙的符籙，然後手持此符，口呼甲寅之神，天神下降，鬼神皆自然散去。

舊時有「六甲天書」之說。所謂「六甲天書」，是道教

編撰的據稱可以驅遣鬼神、呼風喚雨的法術秘書。古典小說《三國演義》第一百零二回描寫諸葛亮與司馬懿在隴上相持，諸葛亮裝神弄鬼迷惑魏軍。此時，司馬懿傳令眾軍曰：「孔明善會八門遁甲，能驅六丁六甲之神。此乃六甲天書內『縮地』之法也，眾軍不可追之。」此時的諸葛孔明完全被小說家神化了。

六丁六甲，原本是道教傳說中的護法神將。明王圻著《三才圖會》中所說六丁神是丁卯神司馬卿，丁丑神趙子任，丁亥神張文通，丁酉神臧文公，丁未神石叔通，丁巳神崔巨卿；六甲神是甲子神王文卿，甲戌神展子江，甲申神扈文長，甲午神衛章玉卿，甲辰神孟非卿，甲寅神明文章。

據《真武本傳妙經》載，六甲神將的名諱是：甲子水將李文思，甲戌土將李守通，甲申金將李守全，甲午火將李守左，甲辰風將李守進，甲寅目將李守遷。

據說，六丁六甲十二神最初都是真武大帝手下神將。宋代陸游在《老學庵筆記》中，曾談到他親眼見過撫州真武殿「(真武大帝)像旁有六丁六甲神，而六丁皆女子像」。

現存的六丁六甲神像以武當山元和觀所藏為突出。其六尊精美的六甲神像，為明代鑄造，均為銅鑄鎏金。各高六尺許，總重量有一萬多斤。六甲神態各異，造型絕佳，具有藝術價值、文物價值和歷史價值。

59

六十元辰

六十元辰是道教神名，又稱六十甲子，是道教信奉的趨吉避凶的本命神。

中國古代傳統的記時方法，是天干地支法。用十天干即甲、乙、丙、丁、戊、己、庚、辛、壬、癸與十二地支子、丑、寅、卯、辰、巳、午、未、申、酉、戌、亥，循環相配，由甲子起至癸亥止，共得六十對，用此計年，六十年為一週，稱「六十甲子」。

道教稱六十甲子為六十位星宿。每個星宿各有一神，共有六十位神，輪流值年。道教吸收民間流行的記年方法，並提出「本命」的說法，稱凡本人的出生年六十甲子干支之年，叫本命元辰，本命年。當年值班的神就是某人的本命神。如某人出生於甲子年，那麼甲子即是其本命元辰，甲子年即是其本命年。本人的出生日在六十甲子的干支，叫本命日。相傳，禮祀本命元辰之神，可以保佑一生平安順利，吉祥如意。中國民間將此種做法，叫作「求順星」。

就此，道教還提出了「太歲」的說法。太歲亦稱歲神，是道家眼中的「大將軍」。每年都有一個太歲，即有一個大將軍，這位大將軍是不能動的。如果要動土搬遷，一定要避開大將軍的方位。清顧張思著《土風錄》記：「術家以太

歲為大將軍，動土遷移者必避其方。」明馮應京著《月令廣義·歲令二》：「太歲者，主宰一歲之尊神。凡吉事勿衝之，凶事勿犯之，凡修造方向等事，尤宜慎避。又如生產，最引自太歲方坐，又忌於太歲方傾穢水及埋衣胞之類。」那麼，怎麼尋找大將軍的方位呢？很簡單。以2014年為例，這年是甲午年，它的太歲大將軍就在甲午，以此類推，共有六十個不同的太歲大將軍。

這六十位太歲大將軍各有其名，讀者不妨對號入座，根據自己的本命元辰，找找自己的太歲大將軍。他們是：

甲子太歲金辨大將軍，

乙丑太歲陳材大將軍，

丙寅太歲耿章大將軍，

丁卯太歲沈興大將軍，

戊辰太歲趙達大將軍，

己巳太歲郭燦大將軍，

庚午太歲王濟大將軍，

辛未太歲李素大將軍，

壬申太歲劉旺大將軍，

癸酉太歲康志大將軍，

甲戌太歲施廣大將軍，

乙亥太歲任保大將軍，

丙子太歲郭嘉大將軍，

丁丑太歲汪文大將軍，

戊寅太歲魯先大將軍，

己卯太歲龍仲大將軍，

庚辰太歲董德大將軍，

辛巳太歲鄭但大將軍，

壬午太歲陸明大將軍，

癸未太歲魏仁大將軍，

甲申太歲方傑大將軍，

乙酉太歲蔣崇大將軍，

丙戌太歲白敏大將軍，

丁亥太歲封濟大將軍，

戊子太歲鄒鐺大將軍，

己丑太歲傅佑大將軍，

庚寅太歲鄔桓大將軍，

辛卯太歲范寧大將軍，

壬辰太歲彭泰大將軍，

癸巳太歲徐單大將軍，

甲午太歲章詞大將軍，

乙未太歲楊仙大將軍，

丙申太歲管仲大將軍，

丁酉太歲唐傑大將軍，

戊戌太歲姜武大將軍，

己亥太歲謝太大將軍，

庚子太歲盧秘大將軍，

辛丑太歲楊信大將軍，

壬寅太歲賀諤大將軍，

癸卯太歲皮時大將軍，

甲辰太歲李誠大將軍，

乙巳太歲吳遂大將軍，

丙午太歲文哲大將軍，

丁未太歲繆丙大將軍，

戊申太歲徐浩大將軍，

己酉太歲程寶大將軍，

庚戌太歲倪秘大將軍，

辛亥太歲葉堅大將軍，

壬子太歲丘德大將軍，

癸丑太歲朱得大將軍，

甲寅太歲張朝大將軍，

乙卯太歲萬清大將軍，

丙辰太歲辛亞大將軍，

丁巳太歲楊彥大將軍，

戊午太歲黎卿大將軍，

己未太歲傅黨大將軍，

庚申太歲毛梓大將軍，

辛酉太歲石政大將軍，

壬戌太歲洪充大將軍，

癸亥太歲虞程大將軍。

太歲神不僅有名有姓，而且各有形象，形象各異。例如，甲子太歲金辨大將軍，身着長袍，面目清癯，長髯五絡，威風凜凜。其最奇特之處是眼睛，二目中各長出一隻小手，手心中各托有一目。構思怪異，超出想像。

山西省介休市綿山大羅宮風景區有六十元辰殿，該殿分上、下兩層。殿內牆壁上形象逼真的畫像也是六十元辰，和塑像一起正好是六十位。在此各個不同年份出生的人都可以找到自己的「本命星君」。民間有本命年穿紅背心、繫紅褲帶、祭拜本命神，以求消災免禍、增福增壽的習俗。

龜蛇二將

龜蛇二將是真武大帝的二天門守護神。來歷傳說有三：

其一，龜蛇二將是真武大帝的腸子和肚子演化而來。

真武大帝在武當山修煉期間可以說是廢寢忘食。即使這樣，他還嫌喝水吃飯耽誤時間，所以乾脆不吃不喝，辟穀坐禪。這下可苦了肚子和腸子，它倆飢腸轆轆，不免發出怨言，咕嚕咕嚕地叫個不停。真武大帝聽着心煩，乾脆一不做二不休，自己開膛破肚，將腸子肚子抓了出來，扔到一旁。真武大帝算是暫時清靜了，可被拋棄的腸子和肚子卻給他惹來了更大的麻煩。

腸子和肚子雖然只是腸子和肚子，但它倆可不是普通的腸子和肚子，它倆是真武大帝的腸子和肚子。也就是說，它倆日夜聆聽真武大帝念經，已經有了道法。腸子鑽進真武大帝的襪筒裡，瞬間變成了一條粗壯大蛇；肚子跳進真武大帝的鞋裡，一翻身，變成了一隻鐵殼大烏龜。鞋和襪都沒了，真武大帝從此就打赤腳了。

餓急了的龜和蛇兩位跑到武當山，便四處吃雞殺羊，甚至牛馬也能一口吃掉。就這樣，它倆還是沒吃飽，後來竟然為了一頭豹子爭得天昏地暗。當地百姓實在無法忍受，便去找真

武大帝求救。它倆已經窮兇極惡，連主人也不認了。真武大帝無奈，只得施展法術，將它倆制服，收它們作為自己的坐騎，並封為「龜蛇二將」。從此，真武大帝就履龜蛇，邀遊九天巡視。

其二，龜蛇二將是水火二魔王演化而來。

傳說龜蛇二將原身為水火二魔王，故又稱作「水火二將」。這個故事出自《玄天上帝啟聖錄》和《神仙通鑒》。話說商紂王勾結六大魔王擾亂天下。這六大魔王是水魔、火魔、旱魔、蝗魔、瘟魔、妖魔。玉皇大帝命令真武大帝幫助周武王伐紂除魔。真武大帝披髮跣足，金甲黑袍，手握寶劍，統率六丁六甲，與六魔王大戰。其中，四魔王不敵脫逃。水火二魔王變化成蒼龜和巨蛇。而真武大帝施展「大威力」，將二魔王打敗，使二魔王不能再行變化。從此，龜蛇歸順，聽憑真武大帝調遣。玉皇大帝封蒼龜為太玄水精、黑靈尊神；封巨蛇為太玄火精、赤靈尊神。其餘四魔亦來拜服，真武大帝亦將其收為部將。

道教中，真武大帝乃淨氏國王太子，且是元始或玉皇化身，龜蛇則是被真武收服的魔王所化。民間從此有龜蛇二將之說法。

其三，龜蛇二將是真武大帝面前的龜蛇演化而來。

在明代小說中，龜蛇二將還有另外的來源。據明羅懋登著《三寶太監西洋記通俗演義》第五十六回記載，龜原來是真武大帝面前的花腳烏龜，後來受封為將，稱為姣陵聖水大元帥。長十二丈，混身九宮八卦，變化多端。蛇原來是真

武大帝面前的赤練花蛇，後來受封為將，稱為丹陵聖火大元帥。長有三十六丈，渾身披鱗，堅固無比。

　　武當山金殿中的龜蛇二將是最為著名的。此像為銅鑄鎏金，造型生動，構思精巧，做工細膩，材質精湛。其形象是蛇繞龜腹，翹首相戲，相依相伴，和睦相處，堪稱完美的古代珍貴文物。

61

青龍白虎

青龍,亦作蒼龍。古代神話中的東方之神。即二十八宿中之東方七宿 —— 角、亢、氐、房、心、尾、箕。因其組成龍像,位於東方,色青(按陰陽五行給五方配五色之説),故稱。

白虎是古代神話的西方之神。即二十八宿中之西方七宿 —— 奎、婁、胃、昴、畢、觜、參。因其組成虎像,位於西方,色白(按陰陽五行給五方配五色之説),故稱。

所謂青龍的龍像與白虎的虎像,都是古人的附會,並不是真的就像龍像虎。

青龍、白虎、朱雀、玄武等稱謂,則是源於古人的星宿崇拜。早在戰國時期,我國就有了「二十八宿」和「四象」之説。所謂「二十八宿」,是我國古代天文學家將黃道(即太陽和月亮所經天區)的恆星分為二十八個星座,稱「二十八宿」。「宿」是指星的位次和集合體,即一撮星。

二十八宿以北斗(大熊星座)斗柄所指角宿為起點,由西向東排列,它們的名稱與四象形成了對應關係。

青龍、白虎、朱雀(即朱鳥)、玄武,合稱四方四神。《禮記·曲禮上》:「行前朱鳥而後玄武,左青龍而右白虎。」孔穎達疏:「朱鳥、玄武、青龍、白虎,四方宿名也。」

道教常以青龍、白虎、朱雀、玄武作護衛神，以壯威儀。太上老君就以四神為護法神。東晉葛洪著《抱樸子‧雜應》描述了太上老君的護衛形象：「左有十二青龍，右有二十六白虎，前有二十四朱雀，後有七十二玄武。」

　　四神都有名字。北宋張君房著《雲笈七籤》指出：「左有青龍名孟章，右有白虎名監兵，前有朱雀名陵光，後有玄武名執明，建節持幢，負背鐘鼓，在吾前後左右，周匝數千萬重。」這裡指出了四神的名字。青龍神叫孟章，白虎神叫監兵，朱雀神叫陵光，玄武神叫執明。

　　青龍神孟章神君，白虎神監兵神君，二位的職責是守衛道觀山門，就如同佛寺山門中的哼哈二將。武當山巍峨的紫霄宮山門，一左一右矗立着青龍、白虎兩尊神像。他們高大雄偉，着鎧持械，威嚴肅穆，形神畢肖。這是元代著名宗教雕塑家劉元一派的傳世佳作，十分珍貴。

62

金童玉女

所謂金童玉女，就是指已經得道的童男童女。他們是幹甚麼的呢？他們的主要工作就是侍候位列洞天福地的大小神仙。他們是道教神仙中數量最龐大的群體，到底有多少金童玉女，恐怕就是張天師張道陵轉世也說不清。以道教最高神之靈寶天尊為例，他有金童和玉女各三十萬，加在一起就是六十萬。

金童玉女雖然無驚天動地的偉業，但有關他們的神話同樣異彩紛呈，而且與人類息息相關。

傳說，金童玉女挽救了人世。三界（天界、魔界、人界）時期，玉皇大帝喜歡潔白，便將人界弄得冰天雪地、銀裝素裹，人間苦不堪言。天界有一對金童玉女，他們一個聰明正直，一個美麗善良。他們目睹了人間的悽慘，心中暗暗決定幫助。

當時，天界神仙在自己的誕辰日可以放假一天，下凡到人界遊玩。農曆正月十五日是金童誕辰日，他便在這一天下凡到人界。由於早有準備，他很快幫助人們融化了冰雪，使人們可以拓荒播種，人間逐漸恢復了生機。

玉皇大帝在天上看到這一切，異常惱怒，命令天兵於第二年正月十五日冰雪融化、大地復蘇時，放火燒光人界。

這個命令恰好被侍候玉皇大帝的玉女聽到了。可她無法下凡，只能乾着急。

好不容易挨到農曆閏十月二十九日玉女的誕辰日，她火速下凡，來到人界，把天帝要火燒毀人間的消息告訴了金童和百姓。百姓聽了，嚇得不知所措，惶惶不可終日。

金童和玉女經過商量，拿出了個主意：在正月十五日這一天，家家戶戶都要掛紅燈籠，放爆竹，把人界弄得燈火輝煌，硝煙瀰漫。天界看到後，定會以為人界已經起了大火，便不會派天兵來了。人們聽了這個辦法，家家戶戶都回去準備燈籠和鞭炮。

正月十五日這天，人們按照金童玉女的辦法，高高地掛起紅燈籠，還長時間地放起了煙花爆竹。玉皇大帝往人界一看，只見一片紅光，還真以為人界自己燒起來了，便收回了天兵下凡放火的命令。就這樣，人界保住了。可那一對金童玉女卻只能留在人間了。

元代以來，有關金童和玉女的故事不斷被搬上舞台，寫入小說，編入唱詞，深受老百姓的喜愛。元代雜劇《桃花女破法嫁周公》，講述的就是金童與玉女鬥法的故事。

周公是個算命先生，他開業三十載，占卜求籤，從未失手。一天，有位石姓婆婆前來算命。周公搖卦後，告訴石婆婆一個壞消息：兒子石留柱在外必遭橫死。石婆婆聽完，扔下錢，慌慌張張，哭哭啼啼地向家的方向跑去。

桃花女正走在街上，看到石婆婆淚痕滿面，忙問其故。

石婆婆如實說了。桃花女掐指一算，石婆婆的兒子命不該絕，便教給石婆婆破解之法。就這樣，石婆婆兒子保住了性命，石婆婆笑了。

石婆婆笑過之後，又生氣了。她覺得周公騙了她的錢，於是，氣沖沖地來到算命攤，找周公退錢。周公退了錢，但心中不服，覺得自己的道行很深，不會算錯。他正好看到僕人彭祖，便給他算了一卦。不想，卦中顯示彭祖陽壽已盡。

彭祖聽後，心情鬱悶地走出周公的算命攤，來到街上。恰好桃花女路過，見彭祖鬱鬱寡歡，便問其故。彭祖如實相告。桃花女掐指一算，這彭祖是壽星命啊。於是，告訴了彭祖破解之法。彭祖依法行事，果然無事。

幾天後，周公見彭祖依然健在，非常驚奇。詢問之下，才知道是桃花女從中作怪。周公心中嫉妒，便想出一計。他請彭祖為媒，聘桃花女為兒媳。桃花女知道周公的詭計，但她將計就計，嫁入了周家。

在周家，周公幾次欲害死桃花女，均被其一一識破並化解。有一次，周公的毒計被桃花女利用，差點害死了周公女兒。後來，桃花女利用法術救了周公一家人的性命，周公才與桃花女冰釋前嫌。

這時，真武大帝出現，他將周公與桃花女召到一起，說明了他們金童和玉女的身份，並帶他們回到了天庭。

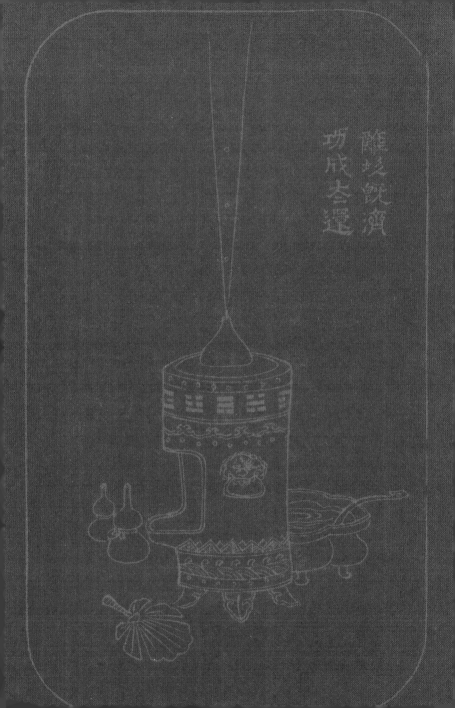

薩既既濟
功成本還

第

七

章

佑民神

63

泗州大聖

泗州大聖又叫泗州佛。據說，他原來是西域人，後來定居在泗州，泗州今屬江蘇省泗縣。泗州民間有許多關於泗州大聖的離奇傳說，有的說他是觀音菩薩的化身，十分靈驗，求財得財，求子得子。又說，當年泗州屢鬧水患，泗州大聖施用功法，並建造靈瑞寺，降伏了妖魔水母，使得泗州永絕水患。因而，人們多年來從沒有忘記他。

其實，泗州大聖還是婚戀受挫者的保護神。這裡流傳着一個故事。話說有一條洛陽江，流經福建的惠安和晉江兩縣的交界處。江水湍急，過往不便。相傳宋朝時，大書法家蔡襄的母親懷他時，有一次渡江，因江上無橋，只得船渡。江水翻滾，小船顛簸，蔡襄之母吃盡了苦頭。登岸後，她便自言自語：「我兒誕生後，若能擔任一官半職，千萬別忘了在這裡造一座橋，便利行人。」這話讓未降生的胎兒蔡襄聽得真切。後來蔡襄果然當上了泉州太守，他不負母望，來洛陽江上造橋。

不料，造橋遇到了困難，因江水過猛，用於打橋基的大條石都被江水沖跑了。太守蔡襄陷入了困境。忽然一天，洛陽江上遠處漂來一隻小船，船後端坐着一個划船的白鬍

老翁，船前站着一位妙齡女郎。雖然江水怒吼，水流急迫，但小船卻穩穩地停在了江心。只見老翁向岸上圍觀的人們大聲喊道：「吾女待字閨中，今特來此。有能將銀子銅錢投到吾女頭上者，吾即將吾女許配於他，絕不食言。」竟有這等好事？於是，許多年輕人都跑到岸邊來投錢，但沒有一個投中的。銀子銅錢紛紛掉落在滾滾洪濤之中，落入了江底。

原來，這父女並非常人。老翁是土地爺幻化，女郎是觀世音變成。他們清晨來到，傍晚划走。日復一日，幾個月過去了，落在江心的銀子銅錢鋪了厚厚的一層，成了河橋的奠基石。但是，人們久投不中，不得要領。恰在此時，有一個聰明的泗州漂亮小伙，想到了一個好辦法。他暗自思忖，如果手握一把散碎銀兩，作扇形狀投將過去，也許能夠成功。他就按照此法，將大把散碎銀兩作扇形狀投了過去，還真靈驗，其中果然有一塊輕輕地擊中了女郎的頭部。大家為他的成功齊聲歡呼。殊不知，這是觀世音感到橋基已經奠成，而且她也相中了投錢的小伙，就暗使法力，將一小塊銀兩放到了自己的頭上。

老翁不食前言，讓小伙子到涼亭去見面。但令小伙子沒有想到的是，他往凳子上一坐，就永遠地站不起來了。原來他的靈魂被觀世音度化到西天成佛去了。而他的肉身如泥塑般僵坐在了亭中，變成了民間頂禮膜拜的泗州大聖。但是，在世俗人的眼中，泗州大聖的婚姻是不幸的，他在人間並沒有得到愛情，是婚姻受挫。為此，泗州大聖就成了人

間婚姻愛情受挫者禮拜的對象。

　　這個富有人情味的故事，得到了民間的認同。於是，在惠安、晉江一帶，老百姓修造了許多供奉泗州大聖的涼亭。戀愛中的情侶、婚變中的夫婦，就常到涼亭中來，在他們信奉的泗州大聖的腦後，挖上一點泥巴，以求泗州大聖的保佑。

月下老人

64

月下老人是中國古代民間傳說中掌管婚姻之神。

據說，唐朝時候，有一名叫韋固的人，自幼父母雙亡。長大後，有一次，他到宋城（今河南省商丘縣南）去辦事，住宿在南店裡。一天晚上，韋固在街上閒逛，看到月光之下有一個奇異的老人，靠在一個大布袋上，在翻閱一本又大又厚的書。韋固很好奇地過去，問道：「老先生，請問您在看甚麼書呀！」那老人回答：「這是一本記載天下男女婚姻的書。」韋固聽了以後更加好奇，就再問道：「那您袋子裡裝的甚麼呀？」老人微笑着對韋固說：「裝的是紅繩兒，用它們來拴繫夫妻雙腳的。即使是仇敵之家，貧賤懸隔，天涯分離，吳楚異鄉，這條紅繩兒一繫，男女雙方就永遠不能分開了。」

韋固聽了，自然不會相信，以為老人是和他說着玩的。但是他對這古怪的老人，仍舊充滿了好奇，當他想要再問他一些問題的時候，老人已經站起來，帶着他的書本和袋子，向米市走去，韋固也就跟着他走。

到了米市，他們看見一個盲女子，抱着一個 3 歲左右的小女孩迎面走來，老人便對韋固說：「這盲女人手裡抱的

小女孩，便是你將來的妻子。」韋固聽了很生氣，以為老人故意跟他開玩笑，便叫家奴去把那小女孩殺掉。家奴跑上前去，刺了女孩一刀，就立刻跑了。當韋固再要去找那老人算賬時，卻已經不見老人的蹤影。

光陰似箭，轉眼十四年過去了。韋固當了兵，英勇善戰。這時韋固已經找到滿意的對象，即將結婚。對方是相州刺史王泰的掌上明珠，人長得很漂亮，只是眉宇間始終黏着貼花。韋固覺得非常奇怪，於是便問他的岳父說：「為甚麼她的眉宇間有個貼花呢？」相州刺史聽了以後便說：「說來令人氣憤，十四年前在宋城，有一天，她的母親抱着她從米市走過。突然跑來一個狂徒，竟然無緣無故地刺了她一刀。幸好沒有生命危險，只留下這道傷疤，真是不幸中的大幸呢！」又說，後來其母病逝，刺史王泰收養了她，待她如親閨女。

韋固聽了，愣了一下，十四年前的那段往事迅速地浮現在他的眼前。他想，難道她就是自己命僕人刺殺的小女孩？於是便緊張地追問說：「那女子是不是一個失明的盲婦？」

王泰看到女婿的臉色異常，且問得蹊蹺，便反問道：「不錯，是個盲婦，可是你怎麼會知道呢？」韋固證實了這點，真是驚訝極了，一時間答不出話來。過了好一會兒才平靜下來，然後把十四年前在宋城遇到月下老人的事，和盤托出。王泰聽了，也感到驚訝不已。

韋固這才明白月下老人的話並非開玩笑。他們的姻緣真的是由神仙做主的。因此，夫婦倆更加珍惜這段婚姻，過着恩愛的生活。

　　不久這件事傳到宋城，為了紀念月下老人的出現，縣令把南店改為「訂婚店」，且親自題寫了區額。這個故事，出自唐朝李復言的《續幽怪錄》。

　　由於這個故事的流傳，使得大家相信，男女結合是由月下老人繫紅繩兒，先天定下來的。所以，後人就把媒人叫做月下老人，簡稱「月老」。「月老」成為媒人的代稱。

65

月光菩薩

月光菩薩是中國傳說中的愛情神、生育神、團圓神。月光菩薩分為土月光菩薩和洋月光菩薩。土月光菩薩是中國老百姓喜聞樂見的，是中國人自己造出來的有中國味道的中國菩薩。洋月光菩薩則是佛教裡的正宗的菩薩，還沒有完全中國化，還不被中國老百姓所熟知，是舶來品。

先說土月光菩薩。這是中國人自己造出來的菩薩，是為了滿足中國老百姓的精神和物質的需要而造出來的。月亮，同太陽相對，俗稱太陰。月光菩薩又稱月娘、月姑、月光娘娘、太陰星主、月宮娘娘、月光仙子等。月光菩薩是情感神，也是物質神。她有多元用途，老百姓很喜歡她。

月光菩薩其實就是月亮。月亮和太陽一樣，一直陪伴着人們，是人們的好夥伴、好朋友、好證人。一到晚間，人們面對着或圓或缺、或明或暗的月亮，往往遐思無限，浮想聯翩。他們從中或得到慰藉，或得到鼓舞，或得到溫暖，或得到希冀。可以說，月光菩薩是愛情神，是生育神，是團圓神。

她是愛情神。自古以來，戀人海誓山盟，常常要跪拜月光菩薩，請月光菩薩做見證。元代劇作家關漢卿的雜劇名

作《閨怨佳人拜月亭》，就描寫了一對戀人拜月起誓的故事。話說在戰亂中，王尚書的女兒王瑞蘭同落魄書生蔣世隆意外相遇，遂結伴而行。在流亡過程中，這對青年男女產生了愛情，就自作主張結為夫妻。後來，王尚書發現了他們已結為連理，但以門不當戶不對為由，而強行拆散了這對恩愛

土月光菩薩像

夫妻。夜間，王瑞蘭在庭院中，面對皎潔的明月，祈求月神保佑自己與丈夫重新團聚，聲淚俱下：「願天下真心相愛的夫婦永不分離。」隨後，王尚書給王瑞蘭重新介紹了新科狀元，王瑞蘭不同意，新科狀元也不同意。但後來發現，這新科狀元恰好是王瑞蘭的前夫蔣世隆。最後，有情人終成眷屬，皆大歡喜。這是月光菩薩起了作用，她保護了有情人至死不渝的愛情。月光菩薩是當之無愧的愛情神。

她是生育神。遠古人們總結經驗，發現了一個似乎是規律性的東西：月亮由圓到缺，二十八天是一個週期；女人發現，月經也是二十八天為一個週期。因此，他們誤認為女性的月經同月亮的運行有關係。因之，為了多子，古人就在女性的月經期行房事。這是很不科學的做法。同時，月亮的月圓月缺，使古人想起了孕婦腹部的膨大縮小。由此，為了孕婦的安全、小兒的幸福，人們常常禮拜月神，月亮又成為主宰生育的生育神。

她是團圓神。中秋節是月亮最大最圓時的節日。每年陰曆八月十五日，人們都要過中秋節。中秋節就是團圓節。「其有婦歸寧者，是日必返夫家，曰團圓節也」。此時，家家要吃月餅，賞圓月。

宋代大詩人蘇軾曾作詞《水調歌頭·明月幾時有》，詞前小序：「丙辰中秋，歡飲達旦，大醉，作此篇。兼懷子由。」詞曰：

明月幾時有？把酒問青天。不知天上宮闕，今夕是何

年。我欲乘風歸去，又恐瓊樓玉宇，高處不勝寒。起舞弄清影，何似在人間！轉朱閣，低綺戶，照無眠。不應有恨，何事長向別時圓？人有悲歡離合，月有陰晴圓缺，此事古難全。但願人長久，千里共嬋娟。

這首膾炙人口的中秋詞，作於宋神宗熙寧九年（1076），即丙辰年的中秋節，為作者醉後抒情，懷念弟弟蘇轍之作。作者採用浪漫主義的手法，把月宮和人間相對比，把現實與想像相聯繫，表達了對人生跌宕起伏的樂觀態度，以及對未來生活的美好嚮往。蘇軾以月亮起興，藉此表達自己的思想情感。這足以說明月亮是團圓神。

提起月神，就不能不提起嫦娥。提起嫦娥，就不能不提起「嫦娥奔月」的故事。嫦娥原名姮娥，是大羿（后羿）的妻子。據西漢劉安著《淮南子·覽冥訓》：「羿請不死之藥於西王母，姮娥竊以奔月，悵然有喪，無以續之。」高誘註：「姮娥，羿妻；羿請不死藥於西王母，未及服食之，姮娥盜食之，得仙，奔入月中為月精也。」這個故事是說，后羿和他的妻子嫦娥原本都是天神，後被貶到人間受苦。后羿經過千辛萬苦，到西王母處討得長生不死藥，不料叫其妻嫦娥偷食了。結果嫦娥升天，到了月宮，做了月精。這個月精就是醜陋不堪的蟾蜍。事與願違，嫦娥再也不能和丈夫團聚了。

但民間的傳說卻更富有人情味。大體是說，嫦娥到了月宮，深感高處不勝寒，十分孤單，很為自己的行為懊悔，

極想見到久別的丈夫。嫦娥給丈夫后羿出主意：「平時我沒法下來，明天乃月圓之時，你用麵粉做成丸子，團團如圓月形狀，放在屋子的西北方向，然後再連續呼喚我的名字。到三更時分，我就可以回家來了。」第二天晚上，后羿按照嫦娥所言一一照辦。三更時分，果然見妻子從皓月中下凡，兩人團圓。從此，月餅成了中秋節必備的民俗食品，同時，嫦娥在人們的心目中已經成為值得同情的月光菩薩了。

次説洋月光菩薩。月光菩薩是藥師如來佛的右脅侍，又作月淨菩薩、月光遍照菩薩。梵語為月光菩薩摩訶薩。月光菩薩的出處，眾説不一。《藥師經疏》記載，過去世電光如來時期，印度有位醫王，育有二子名日照、月照。父子三人發心願利樂眾生。後來，印度醫王成了藥師佛。日照和月照分別成為日光菩薩和月光菩薩，即藥師佛的左右脅侍。

66

保生大帝

保生大帝是南方著名的神醫，是婦女的保護神，是閩南籍百姓所尊奉的地方守護神。

保生大帝，本名吳本（音滔；不是「本」字，是「夲」字），字化基，一稱大道公，吳真君，福建省同安縣白礁村人。宋太宗太平興國四年（979）三月十五日生。相傳其祖先是戰國時的吳季禮，子孫向四處發展，傳了九世。到了大帝的父親吳通、母親黃氏，避亂而南遷，搬到了福建同安的白礁村。

對保生大帝，許多典籍都可以找到他的蹤跡。如《閩書》《同安志》《台南市宗教志》都有所記載。把這些記載綜合起來，可以給保生大帝畫一幅像。

其一，**醫術高明，起死回生**。吳本醫術高超，手到病除，療效甚佳，是病人的好醫生。同時，吳本醫德高尚，無分貴賤，一視同仁。「病人交午於門，無貴賤悉為視療」。一日，吳本上山採藥，見草叢裡有一具屍體，少了一條腿，像是剛死不久的樣子。吳本便找來一根樹枝，接到缺腿處，略施法術，屍體竟然復活了。原來，這是一個書童，在陪同縣令出遊的路上，被猛虎咬掉大腿而死。吳本便帶書童去見縣令，事情果然如此。

其二，醫治太后，轟動京城。宋仁宗天聖九年（1031），趙禎的母后罹患乳疾，難以啟齒。太醫們無法診斷病因，難以下藥，太后病情一天天惡化。宋仁宗趙禎束手無策，只好張榜求醫。但皇榜貼出去十多天，也不見有人揭榜，宋仁宗趙禎更加心急如焚。

這天，恰好吳夲雲遊到京城，見此皇榜，便伸手揭了下來。宋仁宗趙禎聽説有人主動揭了榜，大喜，立即傳見。等見到布衣草鞋相貌平平的吳夲，宋仁宗趙禎的心又懸了起來。無奈，人既然來了，還是讓他試試吧。

來到後宮，吳夲見帷幔隔住了繡床，看不到裡面。太監將一條紅絲線從帷幔後面牽出，讓他在紅線上把脈。這是只有醫術達到巔峰的醫師才有的絕技。吳夲不慌不忙，伸出三根指頭輕輕地按在紅線上，隨即歎了一口氣，説道：「沒治了，沒治了，無脈了，無脈了。」説罷起身就要告辭。站在一旁的宋仁宗趙禎不僅沒生氣，臉上還露出了一絲笑容。原來，這條紅線是宋仁宗趙禎出主意綁在床杆上，故意試探吳夲醫術的。宋仁宗趙禎見吳夲確實有本事，便命正式開診。

吳夲只好再次把脈紅線，認真辨認，一刻鐘後，道：「不妨事，不妨事。」説完，他提筆開了一紙藥方，然後請宋仁宗趙禎將女醫傳來，並教授女醫治療秘法。經過一番調治，宋仁宗趙禎母后的病終於痊癒。

宋仁宗趙禎欲大加封賞，吳夲辭卻不受。最後，宋仁

宗趙禎賜他在故里白礁擇地（現白礁慈濟祖宮正殿），結廬
修真悟道，行醫濟世。

後來，宋高宗趙構頒詔建廟白礁，奉祀大帝，這座大廟
就是現在白礁的祖宮。不久，還在青礁建廟，塑大帝神像奉
祀。從此，吳夲成為保生大帝。如今，青礁縣的慈濟宮，仍
奉保生大帝塑像，供人們瞻仰膜拜。

其三，治癒國母，國母賜印。明成祖永樂十七年（1419），
朱棣的文皇后患乳疾。太醫久治無效，朱棣下詔懸賞求醫。

保生大帝聞之，化成遊方道士揭榜施醫，藥到病除。朱
棣大喜，欲封道士為御醫，道士堅辭不就，旋即乘鶴飛去。
朱棣大驚。後經精通道法的大臣解釋，方知是保生大帝顯
靈。於是，朱棣加封保生大帝為「恩主吳天醫靈妙惠真君萬
壽無極保生大帝」。

文皇后為感謝保生大帝顯靈救命之恩，特命京都能工
巧匠精雕一頭握有保生大帝印章的石獅，專程運送到白礁
慈濟祖宮，歷代相傳，永作紀念。後來人們就把文皇后所賜
的石獅，稱為「國母獅」。

其四，瘟疫猖獗，大帝顯靈。清初，台灣一帶瘟疫猖獗，
醫生百無良策。台灣的福建移民想起了救苦救難的神醫保
生大帝。他們強渡海峽，來到白礁慈濟宮，請回保生大帝的
靈身，供奉於南郡，瘟疫就真的絕跡了。於是，保生大帝得
到了台灣人民的信任。從此，保生大帝的廟宇遍佈全島，至
今已有一百六十餘座。

在台灣學甲鎮，人們把祭祀保生大帝與鄭成功登陸之日聯繫到了一起。明永曆十五年（1661年）三月三十一日，由鄭成功組建的抗清先鋒軍，渡過海峽，在台南學甲登陸。由於有着深厚的大陸情結，參加抗清先鋒軍的白礁子弟就把每年的陰曆三月三十一日定為遙拜大陸的節日。屆時，他們舉行隆重的儀式，遙拜大陸的保生大帝。為此，他們還仿照福建白礁慈濟宮的模樣，在台灣學甲鎮建造了一座白礁慈濟宮，以解他們的思鄉之情。

台灣人把大陸的白礁慈濟宮視為祖廟。每年農曆三月三十一日，大陸白礁村和台灣學甲鎮兩座慈濟宮，都要舉行大型的廟會活動，祭奠保生大帝。

台灣學甲鎮慈濟宮，每年都要舉行「上白礁」的謁祖祭拜儀式。屆時，多達十數萬人湧上街頭，如同歡樂的節日，敲鑼打鼓，鞭炮齊鳴，祭奠保生大帝。

67

順天聖母

順天聖母是中國古代的婦女助產神和婦幼保護神。順天聖母，名叫陳靖姑或陳進姑，亦稱陳夫人、臨水夫人、順懿夫人、大奶夫人。她在我國南方廣有受眾群體。她的事跡存在於一些筆記和地方誌中，全為民間傳說。

陳靖姑，傳說為五代或唐時人。家住福建古田縣臨水鄉。父親做過戶部四品郎中，母為葛氏。看起來，她還是出身於官宦之家。後來，陳靖姑得到仙人的指點，學到了真本事。曾在家鄉為民除害，斬殺害民的妖蛇。由此，惠帝封她為順懿夫人。但以上的記載同她的助產神的定位，似乎毫不相干。她助產的事跡主要有兩件。

其一，為徐翁之媳助產。傳說陳進姑（不是陳靖姑）是福州陳昌的女兒。唐代宗大曆二年（767）生，嫁給了劉杞。不久，就懷孕了。懷孕數月，突遇大旱。陳進姑捨身救旱，自動墮胎，向天祈雨。不久，她就病死了，年僅二十四歲。臨嚥氣時，她發誓道：「我死後一定會成為神仙，去全力地救助產婦。」死後，她真的變成了神仙。

關於順天聖母還有另一個版本。傳說建寧有一個叫徐清叟的老翁，他的兒媳難產，懷孕十七個月仍然沒有分娩。

這可急壞了他們一家人。此事陳進姑聽說了，親自到徐家看望了產婦。陳進姑用神眼一觀，就知道產婦受到了妖蛇的蠱害。神姑當即作法，將妖蛇打下，使產婦轉危為安，徐翁大喜。

徐清叟實有其人，是南宋寧宗嘉定進士，官至參知政事、資政殿大學士。

其二，為唐朝皇后助產。唐皇后難產，百法莫解，危在旦夕。看到愛妻命懸一線，皇帝十分着急。陳靖姑（不是陳進姑）聽說了此事，就幻化身份，變成一個助產婆，來到宮中，幫助皇后順利地產下了一個皇子。皇帝見母子平安，龍心大悦，當即頒下諭旨，敕封陳靖姑為「都天鎮國顯應崇福順意大奶夫人」，在古田建廟，定時祭祀。自此，大奶夫人陳靖姑名聲大噪，她「專保童男童女，催生護幼」，受到人們的愛戴。

助產神陳靖姑的祖廟在福建，位於福建省古田縣東大橋鎮中村的臨水宮，是全國最大的順天聖母廟。此廟建於唐德宗貞元六年（790），元朝時加以重新修繕。清朝末年，又增容擴建，規模更為壯觀。

順天聖母關係產婦母子平安，故深受民間特別是婦人們的崇拜。農曆正月十五日上元節是陳靖姑誕辰日，屆時民間要舉行盛大的祭祀活動。據清同治《麗水縣誌》卷十三記載：

每歲上元前二日，司事擇婦人福壽者數人，為夫人沐

浴更新衣。次日平明升座，各官行禮，士女焚香膜拜，絡繹不絕。至夜，昇夫人像巡行街市，張燈結彩，鼓吹喧闐。小兒數百人，皆執花燈跨馬列前隊，觀者塞路。官員行禮、士女膜拜、塑像巡市、小兒列隊、觀者如堵，順天聖母的誕辰日盛況空前。

68

碧霞元君

碧霞元君是道教尊奉的吉祥神。傳說，她是東嶽大帝之女，宋真宗（997—1022 年在位）時封為天仙玉女碧霞元君，俗稱泰山玉女或泰山娘娘。舊時，中國民間有許多娘娘廟，廟裡供奉着許多女性神。如王母娘娘、天妃娘娘（媽祖）、泰山娘娘等。民間信仰中，泰山娘娘主司婦女多子並為保護兒童之神，因而，又稱其為送子娘娘、碧霞元君。碧霞元君在中國北方很受崇拜。

那麼，碧霞元君的出身到底是怎樣的呢？目前，大抵有五說。

第一是宋真宗所逢泰山之女說。清張爾岐著《蒿庵閒話》云：「元君者，漢時仁聖帝前，有石琢金童玉女，至五代，殿圯像仆，童泐盡，女淪於池（按：指泰山嶽頂『玉女池』）。宋真宗東封還次御帳，滌手池內，一石人浮出水面，出而滌之，玉女也。命有司建祠奉之，號為聖帝之女，封天仙玉女碧霞元君。」

這是說，漢朝時，在皇宮中有金童玉女石雕像。到五代時，已經度過好幾百年了。宮殿坍塌，石像倒地，金童粉碎，玉女墜池。這個水池，就是東嶽泰山極頂的玉女池。不知何故，玉女石像竟然流轉到了泰山上的水池中。到了宋

朝，宋真宗東封時回來，駐蹕在御帳裡。有一次，他在池邊洗手，有一石人浮出水面。宋真宗將石人從水中取出，親手洗滌。洗淨一看，竟是玉女石像。宋真宗大奇，便詔令有關部門，就此建祠供奉，號為東嶽大帝泰山之女，封為天仙玉女碧霞元君。

明成化年間又給這座碧霞元君祠，賜額為「碧霞靈應宮」。

第二是黃帝手下七仙女之一說。據說，遠古的黃帝，在建造岱嶽觀時，曾經派遣七位仙女下凡，頭戴雲冠，身披羽衣，以迎接西崑崙真人。玉女，是七位仙女當中修道成仙者。

明顧炎武《日知錄》和清翟灝《通俗編》反對此說，謂西晉張華著《博物志》早有泰山神女「嫁為西海婦」的故事，後世所傳泰山女，源流都在此處。宋真宗所封之玉女，即此泰山女，而非黃帝所遣之玉女。

第三是應九炁以生而成天仙說。九炁，亦稱九氣，指始氣、混氣、洞氣、元氣、旻氣、景氣、玄氣、融氣、炎氣。道教則稱碧霞元君乃應九炁以生，受玉帝之命，證位天仙，統攝嶽府神兵，照察人間善惡。這是說，碧霞元君是由道教所稱的九炁凝聚而成，得到玉皇大帝的諭旨，才證位天仙，統攝嶽府神兵，以後照察人間善惡的。

第四是大善人右守道之女說。據說，漢明帝時有個大善人叫右守道，他的太太金氏生了個女神童，智力超常。三歲知詩書禮樂，七歲通漢家諸法，日夜禮拜西王母。十四歲

時入泰山黃花洞潛心修煉，道成飛升，做了碧霞元君。

第五是泰山石敢當之女說。泰山山頂有碧霞祠，供奉泰山之主神碧霞元君。傳說碧霞元君是石敢當之女。石敢當住於泰山東南徂徠山下，生活雖然貧困，但為人正直。其家有三女，長女、二女已出嫁，碧霞元君為其第三女。三女常助父母砍柴，賣之山陽集上。一日砍柴遇暴風雨，避入一山洞中，洞有老嫗烤火於柴堆旁，三姑娘求借宿，老嫗允之。自是與老嫗熟，常助其生活之需。如此者數年。一日老嫗謂三姑娘曰：「汝非凡人，乃天上仙女。福大命大造化大。徂徠山容汝不了。汝住徂徠山，已將其地壓落三尺。」今徂徠山頂平，無主峰，傳云即三姑娘之所壓也。老嫗復語之曰：「汝自此西北行，約五十里，其地有大山曰泰山，今尚無主之者，汝可去主其地。」三女即來到了泰山。這位老嫗不是凡人，乃是觀音菩薩。三女後來被玉皇封為碧霞元君。

這五種說法，當以第一說為是，即碧霞元君的祖籍是東嶽泰山，她是東嶽泰山之女。泰山的碧霞祠是碧霞元君上廟，位於岱頂天街和大觀峰之間。碧霞祠是一組宏偉壯麗的古代建築群，面積三萬九千多平方米，由大殿等十二座大型建築物組成。碧霞祠大殿五楹，九脊歇山式頂。檐下高懸清雍正帝「贊化東皇」、清乾隆帝「福綏海宇」巨匾。正中神龕內的碧霞元君貼金銅坐像，鳳冠霞帔，安詳端莊。

北京四方都建有碧霞元君廟，分別叫「東頂」「南頂」「西頂」「北頂」。妙峰山的碧霞元君廟最有名，叫「金頂」。每

年陰曆四月初一日金頂開廟，當天，人山人海，摩肩接踵。據說，慈禧太后曾經為其子同治皇帝載淳祈求發痘平安，叫廟裡要等她進香以後再開廟，這叫「燒頭香」。儘管慈禧太后可以「燒頭香」，碧霞元君還是沒能救得載淳性命，他最終仍然發痘而死。當然，這是坊間的傳聞，其實同治皇帝是死於梅毒。

七星娘娘

七星娘娘是保護孩子平安和健康的吉祥神。七星娘娘又叫七星媽、七星夫人、七娘夫人。七星娘娘不是一個人,而是七位端莊溫婉的女人。七星娘娘在我國南方和台灣一帶十分有名,受到民間的崇拜。

孩子的抵抗力差,最容易受到疾病的侵襲。從古代始,人們就把孩子抵抗疾病的希望,寄託在神明身上。七星娘娘也就應運而生了。孩子沒病時,人們去給七星娘娘燒香,祈求神明保佑孩子平安無事;孩子生病時,人們去給七星娘娘燒香,是祈求神明儘快地治好孩子的疾病。有的家長讓孩子認七星娘娘做「乾媽」,或為孩子請來「長命鎖」,用以保佑孩子一生平安。

台灣民間流行一種「成丁禮」。男孩、女孩都施行這個民間儀式。男孩是在十六歲的時候,在農曆七月七日這一天,全家穿戴整齊,由父母帶領男孩,捧着供品,到七娘廟去參拜,答謝七星娘娘的保佑之恩。女孩也是如此,還要大擺宴席,宴請親朋好友。這個儀式,一方面是答謝七星娘娘的恩德;另一方面,也是告誡孩子,他們已經長大成人了。

據說,七星娘娘本來是織女星。

七星娘娘為甚麼是七位呢?大概是由民間傳說七仙女

演化而來的。當然，傳說就是傳說，並無嚴格的邏輯。七星娘娘帶給人們更多的是心理的滿足和精神的寄託。

70

天后娘娘

天后娘娘是中國東南沿海和海外華人供奉的海洋保護神。又稱媽祖、天妃、天后、天妃娘娘、天上聖母等等。道教經書《太上老君説天妃救苦靈驗經》稱，太上老君封媽祖為「輔斗昭孝純正靈應孚濟護國庇民妙靈昭應弘仁普濟天妃」。

有關媽祖的記載，大約起於北宋。媽祖出生於仕宦之家，是福建晉代晉安郡王林祿的二十二世孫女，是當地的望族。她原名林默。媽祖父親都巡檢林惟愨（一説林願），母親王氏，二人多行善積德。

一天晚上，王氏夢見觀音大士慈祥地對她説：「你家行善積德，今賜你一丸，服下當得慈濟之賜。」於是，王氏便懷了孕。到北宋建隆元年（960）三月二十三日傍晚，王氏將近分娩，見一道紅光，從西北射入室中，紅光滿室，異氣氳氲。王氏感到腹中胎動，媽祖降生。因生得奇，甚為疼愛。她出生至滿月，一聲不哭，因此，父親給她取名「默」。

林默八歲就讀私塾，喜燒香禮佛。十三歲得道典秘法。十六歲觀井得符，能佈席渡海救人。升化以後，有禱輒應。自宋徽宗宣和（1119—1126 在位年）以後，兩宋間先後敕封達九次。其封號，南宋光宗紹熙（1190）由「夫人」進爵為「妃」。元世祖時又進爵為「天妃」。清康熙時再進爵為「天

后」，並載入國家祈典。據説，自宋至清，七百餘年間，帝王對媽祖的冊封多達四十餘次，封號累計竟有五十多字。如「輔國護聖」「護國庇民」「宏仁善濟」等。

媽祖之主要神跡是救濟海上遇難之生民。據傳，媽祖有隨從千里眼、順風耳，能解救人於千里之外。媽祖常穿朱衣，乘雲遊於島嶼之間。如果海風驟起，船舶遇難，只要口誦媽祖聖號，媽祖就會到場營救。《太上老君説天妃救苦靈驗經》稱，媽祖所救就是「翻覆舟船，損人性命，橫被傷殺，無由解脱」。

媽祖是一位偉大的導航使者。她經常為海上迷航的船隻指點方向。相傳鄭和下西洋時，途經福建洋面遇到風暴，海上濁浪滔天，船隻顛簸搖蕩，船工們茫然不知所向。鄭和想起海神媽祖，仰天禱告。禱告畢，只見在船頭隱約出現了一盞紅燈，媽祖信步浪尖從容導航。於是船隊緊跟前進，脱離危險進入避風港。

後來，媽祖之職能略有擴大。《太上老君説天妃救苦靈驗經》還稱：「若有行商坐賈，買賣積財，或農工技藝，種作經營，或行兵佈陣，或產難，或疾病，但能起恭敬心，稱吾名者，我即應時孚感，令得所願遂心，所謀如意。」因此，民間亦有以媽祖為送子娘娘的。

宋太宗雍熙四年（987），媽祖時年二十七歲。在重陽節的前一天，媽祖對家人説：「我心好清淨，不願居於凡塵世界。明天是重陽節，想去爬山登高，預先和你們告別。」大

天后娘娘，選自《天后聖母聖跡圖志》，清道光十二年（一八三二）壽恩堂刊

家都以為她要登高遠眺，不知將成仙。

第二天早上，媽祖焚了香，念了經，與諸姐說：「今天要登山遠遊，實現自己的心願。但道路難走而且遙遠，大家不得與我同行，」媽祖於是告別諸姐，直上湄峰最高處。這時，只見湄峰頂上濃雲四合，一道白氣衝上天空。媽祖乘長風，駕祥雲。忽然彩雲閉合，不可復見。福建莆田湄洲人仰頭望去，無不唏噓驚歎。

此後媽祖經常顯靈，鄉親們時常能看到她在山岩水洞之旁，或盤坐於彩雲霧靄之間，或朱衣飛翔海上。常示夢救急扶危，在驚濤駭浪中拯救過許多漁舟商船；她立志不嫁，慈悲為懷，專以行善濟世為己任。

中國東南沿海的媽祖廟數以千計，但稱得上媽祖廟之首的當數天后故里福建莆田湄州祖廟。此廟創建於北宋雍熙四年（987），有千年歷史。祖廟規模宏偉，富麗堂皇。廟宇前臨大海，潮汐吞吐，激響回音，有「湄嶼潮音」之譽。農曆三月二十三日是媽祖誕辰日，朝拜者人山人海，還有台灣「湄州媽祖進香團」前來進香，香客多達數十萬。

台灣的媽祖廟有五百一十座，其中北港的朝天宮是最負盛名的一座。北港朝天宮是台灣最古老的媽祖廟，建於清康熙年間，有三百年歷史。這裡的媽祖像是由湄州請來的，故被認為是莆田湄州媽祖廟的「分靈」。因此，每隔幾年都要抬着媽祖神像到湄州掛香一次，表示對媽祖的崇拜和對祖宗的懷念。朝天宮在全台灣香火最盛，每逢媽祖誕辰日，進香人數竟超過百萬。媽祖信徒人數之多、香火之旺，至今亦然。

第
八
章

居家神

福神

71

福神是民間信仰的吉祥神。福神到底是誰呢？
中國民間信仰的福神有兩位：一位是賜福天
官；一位是刺史楊成。

第一個福神是賜福天官。在民間，我們經常看到的是天
官賜福的畫像，尤其是新年除夕，更是隨處可見。民間信仰
天官起於何時，很難考證。至少在清代，天官信仰已經極其
廣泛。「天官賜福」的年畫，豐富多彩。天官是個甚麼樣子
呢？年畫的天官形象深入人心，畫中天官呈朝廷大員形象：
頭戴宰相帽，身穿大紅袍，腰扎彩色帶，手持如意柄。眉毛
高挑，眼睛細長，長鬚五綹，面容慈祥，一副雍容華貴的氣
派。有的畫上，天官手持一幅展開的條幅，上寫「天官賜福」
四個大字。那麼，這個天官到底是誰呢？

其實，這個天官是道教教義中的官員。道教相信，為人
治病，必須先進行祈禱。祈禱時，必須寫成文書。文書一式
三份，「其一上之天，著山上，其一埋之地，其一沉之水」。
這叫作「三官手書」，祈禱於「三官」。所謂的「三官」，即天
官、地官、水官。道教宣稱三官能為人賜福、赦罪、解厄，
也就是天官賜福，地官赦罪，水官解厄。這就是「天官賜福」
的來歷。人們禮拜他，無非是祈望得到他的庇佑。

第二個福神是刺史楊成。《三教源流搜神大全》卷四記

福神，《三教源流搜神大全》，清宣統元年葉德輝校刊本

載：「福神者本道州刺史楊公諱成。昔漢武帝愛道州矮民，以為宮奴玩戲。楊公守郡以表奏聞，云『臣按五典，本土只有矮民，無矮奴也』。武帝感悟，更不復取。郡人立祠繪像供養，以為本州福神也。後天下黎民士庶皆繪像敬之。以為福祿神也。」這是說，福神是漢武帝時道州（今湖南道縣）刺史楊成。道州的人個子非常矮，當時外地人都稱之為道州矮民。漢武帝非常喜歡這些矮小的男人，每年都從道州挑選數百名做宮奴，供他玩耍。楊成任此郡刺史後，上奏漢武帝，「本土只有矮民，沒有矮奴」。武帝這才有所悔悟，不再令道州上貢矮民。道州人遂立其祠，繪其像供養，奉為本州的福神。後來很多地方都繪其像，奉其為福神，虔誠供奉。

有的學者考證說，福神不是這位漢朝的楊成，而是唐朝的陽城。學者認為，歷史上確有其事，但不是楊成，而是陽城。陽城也不是漢武帝時人，而是中唐時人。《新唐書‧陽城傳》載：「（道）州產侏儒，歲貢諸朝。（陽）城哀其生離，無所進。帝使求之，城奏曰：『州民盡短，若以貢，不知何者可供。』自是罷。州人感之，以『陽』名子。」這是說，唐朝時，道州到處是個子矮小的男子，叫侏儒。朝廷喜歡侏儒，諭旨每年必須向朝廷進貢。陽城的百姓對這種生離感到十分痛苦，就沒有進貢。於是，皇帝派人多次迫求。無奈，刺史陽城上奏道：「道州的百姓，都長得很矮，如果進貢，不知道進貢哪一個。」從此，進貢侏儒就停止了。道州

的百姓很感激他，就在他的名字前面加上個「陽」字，以後就叫陽城。

這個考證是有道理的。但是，民間習慣把福神叫楊成，我們也仍然叫他楊成。

祿神

祿神是指可以給人們帶來高官厚祿的吉祥神。祿，指官吏的薪俸。祿位，指薪俸官位，後泛指升官發財。舊時，人們追求的往往是高官，因為高官可以帶來厚祿。所謂「三年清知府，十萬雪花銀」，說的就是這個意思。

那麼，祿神到底是誰呢？其實，祿神給人的印象是很模糊的，很難確認到底是誰。民間所說的祿神，大體有兩位：一位是天上祿星；一位是送子張仙。

祿神的第一位原型是天上祿星。祿星原來是天上的一顆星。相傳名張亞子，為晉朝打仗，不幸戰死。據《史記·天官書》記道：「文昌宮……六曰司祿。」即是說，文昌宮的第六星是專門掌管祿星的。民間對祿星的崇拜，逐漸將祿星人格化，成為同福星、壽星一樣的神仙了。傳統戲曲中有「祿星抱子下凡塵」的唱詞。傳統年畫中福祿壽三星中，祿星有時懷抱一小兒。因此，有人說祿星也是送子神仙。

祿神的第二位原型是送子張仙。他是民間所信奉的祈子之神，是五代時在青城山得道的仙者，本姓張名遠霄。相傳，蘇洵曾夢見張仙手拿兩顆彈丸，知是得子之兆，便求來張仙像供奉，果然得了蘇軾、蘇轍二子。還有一個傳說。宋仁宗嘉祐年間，皇帝趙禎有一日夢見一個美男子。

他面色粉紅，長鬚五髯，挾弓彈上前來，對皇上説：「皇上向來有天狗把守城垣，所以才沒有子嗣。憑您普施仁政，我要用弓彈把天狗趕走，使您能夠得到子嗣。」皇帝趙禎半信半疑，請他詳細説明原委，他説道：「我是桂宮張仙。天狗在天上掩蔽日月，到世間就吞吃小兒，但它見了我就會躲開。」皇帝趙禎醒後，當即命人懸掛張仙圖像，供奉祭祀。此後民間沒有子嗣的人，就都對張仙像頂禮膜拜。

按中國民間傳統，百姓對祿神是很崇拜的。由此，對動物世界的梅花鹿也情有獨鍾。鹿，與祿同音。中國傳統民間吉祥圖案，就有「百祿圖」。圖上畫着在高山大嶺中棲息的近百頭形態各異的鹿，百是虛指。整幅畫是祝福俸祿大增的意思。還有一幅「加官受祿」圖，畫着一個官員正撫摩着一頭雄鹿，表達了「加官受祿」的主題。

傳統的喜劇戲曲中，有時在正戲的開頭，作為墊場戲，有一齣無言的《跳加官》獨角戲先行演出。表演者在台上三上三下。他身穿大紅袍，面戴加官臉。所謂加官臉，是一笑容滿面的假面具。表演者手捧朝笏，走上戲台，繞場三周，然後退下。這是見面禮。再進場後，抱一小兒，繞場三周，退場。這是説明他是送子神仙。最後出場，笑容滿面，邊跳邊向觀眾展示手中所持紅色條幅，上邊寫有「加官進祿」之類的頌詞，再繞場三周後，退下。這是祝福觀眾升官發財。然後是正式節目開始。

這就是戲台上常演的所謂彩頭戲「跳加官」。這位獨角

戲演員所扮的紅袍白面官員，即祿星，又叫「司祿神」。跳加官多用於節日喜慶之時。

祿神像

73

壽神

民間傳說壽神是主宰人間壽夭的吉祥神。經過多年的演化，壽神的形象完全定型。許多年畫，都畫有他的畫像。其特點極為鮮明：大腦袋，寬腦門，短身材，長鬍鬚，笑模樣，高手杖。這是一位慈眉善目、和藹可親的老人。明吳承恩著《西遊記》第七回道：「霄漢中間現老人，手捧靈芝飛藹繡。長頭大耳短身軀，南極之方稱老壽 —— 壽星又到。」這是作家吳承恩筆下的壽神形象。

壽神的原型是天上的南極老人星，又稱南極仙翁。據說是指天上的兩個星宿：一個是角亢二宿；一個是南極老人星。

壽神的原型，第一個是指角亢二宿。星宿，是單個星的集合體，即一撮星。天上二十八星宿中東方七宿依次為角、亢、氐、房、心、尾、箕，呈蒼龍之形。其中角宿有兩顆星，因其像羊角，故名為角，在東方蒼龍七宿中如龍角；亢宿有四顆星，直上高亢，故名為「亢」，在東方蒼龍七宿中如龍頭。現代天文學將此二宿劃入室女座。其中角宿，是一等亮星，每年五月初傍晚即在東方低空出現，晚七時以後可以清楚得見。

壽神的原型，第二個是指南極老人星。這顆星，天文學

的名字叫船底座阿拉發星，位於南半球南緯五十度以南，是一等以上的亮星。因它處於南緯五十度以南，在我國北方不容易看到。但在長江以南，尤其是嶺南地區，卻很容易看到。特別在二月間晚八時以後，它出現在南天的低空，周圍沒有比它更亮的星，所以很顯眼。

秦朝的皇帝很崇拜南極老人星。《史記‧封禪書》說：秦並天下，「於社毫有壽星祠」。這是說，秦朝統一全國後，在首都咸陽建造了壽星祠，供奉南極老人星。供奉的原因，是認為南極老人星很靈驗，見到他，天下太平；見不到他，天下就動蕩。他可以掌管國運的長短。因此，立祠供奉南極老人星，以便取得他的祝福。

漢朝的皇帝也很重視禮拜南極老人星。據《漢書‧禮儀志》記載，漢明帝期間（58—76 年在位），曾主持一次祭祀壽星的儀式。他親自敬獻貢品，宣讀尊敬老人的祭文。同時，還特意安排了一次宴會，與會者均為 70 歲以上的古稀老人。盛宴之後，漢明帝還恭敬地贈送酒肉穀米及一柄手杖。漢明帝此舉，得到了社會各階層的廣泛認可。

唐李白《送陳郎將歸衡山》詩云：「衡山蒼蒼入紫冥，下看南極老人星。」說明唐朝時，南極老人星的形象已經深入人心。

這兩種不同的壽星說法，至唐朝始合二為一。

壽神像

74

財神

舊時民間所祀之財神，是虛構的人物。趙公明，本名趙朗。有關他的傳說，由來已久。最早的記載，似出自東晉干寶著《搜神記》。按《搜神記》卷五云：「有妖書云：『上帝以三將軍趙公明、鍾士季，各督數（萬）鬼下取人，莫知所在。』」這裡記載的趙公明，在典籍中首次出現。

漸漸地，趙公明被演繹為財神。據《三教源流搜神大全》卷三記載：「趙元帥，姓趙諱公明，終南山人也。自秦時避世山中，精修至道，功成，欽奉玉帝旨召為神霄副元帥。其服色頭戴鐵冠，手執鐵鞭，面黑色而髭鬚，跨虎。驅雷役電，喚雨呼風，除瘟剪瘧，保病禳災，元帥之功莫大焉。至如公訟冤抑，買賣求財，可對神禱，無不如意，故上天聖號為總管上清正一玄壇飛虎金輪執法趙元帥。」這裡的「至如公訟冤抑，買賣求財，可對神禱，無不如意」的記載，就是趙公明成為民間崇祀財神的由來。

也有傳說指趙公明是張天師張道陵之徒。張道陵在鶴鳴山修煉時，收趙公明為徒，「使其騎黑虎，守護丹室」。張道陵煉丹成功後，分與徒弟們食用。趙公明吃了，頓時法力大增，形如天師。於是，張道陵命趙公明守護齋壇即玄壇。所謂「黑虎玄壇趙公明」就是這麼來的。

趙公明成為民間信奉的武財神，主要是得益於明朝作家許仲琳編撰的神魔小說《封神演義》的流傳。小說講述姜子牙奉元始天尊之命，在封神台封神。趙公明上了封神榜。封神時，姜子牙命清福神柏鑒：「引趙公明等上壇受封。」不一時，清福神柏鑒用幡引趙公明等至台下，跪聽宣讀敕命。姜子牙曰：「今奉太上元始敕命：爾趙公明昔修大道，已證三乘根行；深入仙鄉，無奈心頭火熱。德業迥超清淨，其如妄境牽纏。一墮惡趣，返真無路。生未能入大羅之境，死當受金誥之封。

武財神趙公明像

特敕封爾為金龍如意正一龍虎玄壇真君之神，率領部下四位正神，迎祥納福，追逃捕亡。爾其欽哉！招寶天尊蕭升、納珍天尊曹寶、招財使者陳九公、利市仙官姚少司。」趙公明等聽罷封號，叩首謝恩，出壇去了。這裡說的「迎祥納福，追逃捕亡」，就指明趙公明是個福神。而他手下的四位正神，分別具有「招寶」「納珍」「招財」「利市」的功能，則進一步說明趙公明是主管財政的財神。趙公明武藝高強，也就是武財神了。

《三教源流搜神大全》所描繪的趙公明形象為：頭戴鐵冠，手執鐵鞭，面黑色而多鬚，跨虎。這正是後世所供武財神趙公元帥的典型圖像。書中又稱其授正一元帥，手下有八員猛將、六毒大神，還有五方雷神、五方猖兵、二十八將等。又稱他能「驅雷役電，喚雨呼風，除瘟剪瘧，保病禳災」，功莫大焉。據此，道教又將其與靈官馬元帥、關聖帝君關羽、亢金大神溫瓊合為四大天將。

關於趙公明的賜財功能，《三教源流搜神大全》解釋說：「買賣求財，公能使之宜利和合。但有公平之事，可以對神禱，無不如意。」自此，趙公明司財，使人致富的功能深入人心。至近代，又有人附會趙公明為回人，不食豬肉，「每祀以燒酒牛肉，俗謂齋玄壇」。（清姚福均輯《鑄鼎余聞》卷四）這些都是虛構的。他的回回族籍身份，更是無稽之談。

民間還以關公為財神。關公是一位全能神明，財神不過是其功能之一。

喜神

75

喜神又稱吉神。嚴格地說，喜神是個抽象神，
而不是具體神；是個概念神，而不是血肉神。

但是喜神有一個特點，就是具有定向性，具有
方位性。到後來，喜神也有了自己的形象，有了具體的神名。

開始，民間祭祀喜神都是抽象的，沒有具體喜神形象。
農曆春節和婚慶典禮是喜神出鏡率最高的日子。春節大年
初一迎喜神的習俗，流傳至今。春節祭祖是遠古祖先崇拜
的餘韻。祈求祖先陰靈護佑，降福於己，自然要把祖先看作
「喜神」了。長江流域各地，元旦拜神敬祖後，視曆書今年
喜神的方位，點燃燈籠，燒起火把，鳴響爆竹，開門出行，
面對吉方跪拜，稱為「出大方」或「出行」，以迎喜神。四川
人稱之為「出行」，上海人稱為「兜喜神方」。人人朝着吉方
走，走到一座香火旺盛的廟上，燃起香燭，禮拜菩薩。祈求
神明保佑自己，一年吉祥。

劉雅農在《上海閒話》中是這樣描述上海人在新年子夜
「兜喜神方」的情形的：「除夕夜半後，滬俗有兜喜神方者。
據時憲書所載，如甲戌，喜神在東北，則出門即向東北行，
謂可遇佳運。遠近不拘，繞街一匝而返。十里洋場，素稱繁
華，紈絝子弟以及富商巨賈，往往以兜喜神方為名，挾青粟
者，乘鋼絲馬車，招搖過市。」此外，清末的社會寫實小說

《九尾龜》《海上花列傳》等，都有新年初一，當紅妓女穿着紅裙去兜喜神方的描述。從前的妓女們平日是不准穿裙子的，更不能穿紅裙，因為紅裙是正室夫人的章服。只有大年初一可以破例，於是她們紛紛在大年初一穿起紅裙，出門逛街，迎喜神。

喜神像

無獨有偶。舊時，北京妓院中也有「走喜神方」的風俗。大年初一天剛亮，她們要去「走喜神方」，認為遇得喜神，一歲康寧。

　　婚慶典禮膜拜喜神，很有講究。新娘的坐臥立行，都要面對喜神。入屋後，新娘要根據陰陽先生所指示的喜神方位，面向神或坐或立。只有這樣，新娘的一生才能喜事連綿不斷。但這喜神的方位是變幻無定的，每天每時都不相同。

　　某天某時的喜神在甚麼方位，只有請陰陽家指示才能知道。據《破除迷信全書》卷十引清乾隆皇帝指示編撰的《協紀辨方書》云：「喜神於甲己日居艮方，是在寅時（3—5時）；乙庚日則居乾（代表天）方，是在戌時（19—21時）；丙辛日居坤（代表地）方，是在申時（15—17時）；丁壬日居離（代表火）方，是在午時（11—13時）；戊癸日居巽方（代表風）方，是在辰時（7—9時）。」推定喜神所在的方位以後，新娘子上了轎，轎口必須對準該方向，稍事停留，叫作迎喜神，然後才能出發。當然，這些都是迷信。

　　隨着時間的推移，喜神也找到了自己的形象。最初的喜神是借用天官賜福的形象，沒有甚麼創造。後來，和合二仙也成了喜神。舊時民間舉行婚禮時，常掛和合像，取「和諧好合」之意，以圖吉祥喜慶。

76

門神

門神是中國民間流行的居家保護神。對門神的信仰由來已久，這和中國古代鬼神觀念的崇信有關。舊時，人們相信鬼神的存在，為了防範惡鬼的侵入，就在自家的門框貼上門神，以求闔家平安。

最早的門神是桃木雕成的兩個神像，一個是神荼，一個是鬱壘，懸於門上。

傳說遠古時的黃帝，既管理人間，也統治鬼國。對那些遊蕩在人間的群鬼，黃帝派了兩員神將統領着，即神荼、鬱壘倆兄弟。這哥兒倆住在東海的桃都山上，山上有一株巨大桃樹，樹幹枝丫盤屈伸展達三千里。樹頂上站着一隻金雞（又稱天雞）。每當太陽初升，第一縷陽光照在它身上時，金雞即啼叫起來。接着，天下所有的公雞一起跟着叫了起來。這時，在大桃樹東北樹枝間的一座「鬼門」兩旁，神荼、鬱壘一左一右威風凜凜地把守着。他倆監視着那些剛從人間遊蕩回來的、各式各樣的大鬼小鬼。民間傳說，鬼只能在晚上活動，天亮之前，不等雞叫就得跑回鬼國。二位神將要是在鬼群裡發現在人間禍害人的惡鬼，馬上用葦索捆綁起來，扔到山後去餵老虎。因此，鬼最怕的有四樣：神荼、鬱壘、金雞和老虎。

因為當時桃木很多，就將神荼和鬱壘製成大桃人，立

在門口，以驅逐鬼怪。後來，就在木板上繪畫神荼、鬱壘和老虎，並在門上懸掛繩索，以御惡鬼。

以上記載，見於東漢王充著《論衡·訂鬼》：「《山海經》又曰：滄海之中，有度朔之山，上有大桃木，其屈蟠三千里，其枝間東北曰鬼門。萬鬼所出入也。上有二神人，一曰神荼，一曰鬱壘，主閱領萬鬼。惡害之鬼，執以葦索而以食虎。於是黃帝乃作禮，以時驅之，立大桃人。門戶畫神荼、鬱壘和虎，懸葦索以御兇魅。」

原來的神像是立體雕刻，比較費工。後來就將神像繪畫在木板上，並將木板懸掛在門上，這就簡便多了。或者乾脆在木板上書寫神將的名字，以及畫些符咒。這就是所說的桃符了。

以後，又出現了著名的滅鬼好手鍾馗。

鍾馗以後，又出現了武將門神。唐朝以後，最著名的門神是秦瓊和胡敬德。秦瓊和胡敬德是唐朝初年赫赫有名的戰將，是幫助李世民打天下的開國元勳。《三教源流搜神大全》卷七云：「按傳，唐太宗不豫。寢門外拋磚弄瓦，鬼魅呼號。太宗以告群臣。秦叔寶出班奏曰：『願同胡敬德戎裝立門外，以伺。』太宗可其奏，夜果無警。因命畫工圖二人之像，懸於宮掖之左右門，邪祟以息。後世沿襲，遂永為門神。」

這是說，有一天，唐太宗李世民身體不適。他聽到寢宮外，有拋磚弄瓦的聲音，還夾雜着鬼怪的號叫聲。唐太

宗把這個奇怪的現象，告訴了諸位大臣。秦叔寶站出來，奏道:「我願意同胡敬德穿戴戎裝，站在寢宮門外，保護皇上。」唐太宗答應了他們的奏請。照這樣辦，一夜果然無事。於是，唐太宗詔命宮廷畫師，畫了秦叔寶和胡敬德二人的畫像，懸掛在寢宮的左右門。鬼怪作祟，竟完全止息了。後代沿襲了這個做法，秦叔寶和胡敬德二人就永遠地當上了門神。

秦瓊（？—638），字叔寶。齊州歷城（今山東濟南）人。封翼國公。後拜左武衛大將軍。死後，改封胡國公。陪葬於昭陵。

胡敬德即尉遲敬德、尉遲恭（585—658），唐朝初年大將。字敬德。朔州善陽（今山西朔州）人。屢立大功，封鄂國公。因在「玄武門之變」中，射死李元吉，助李世民奪取帝位，因而備受恩寵。貞觀元年（627），拜右武侯大將軍，封吳國公。死後，陪葬於昭陵。

有的直接書寫「秦軍、胡帥」字貼於戶上。他們本來是貴族門神，後來逐漸流傳於民間。

兩員神像貼在臨街的大門上，披甲執鉞，張牙舞爪，嚇阻妖魔鬼怪。除秦叔寶和胡敬德以外，武將門神尚有趙雲、馬超，薛仁貴、蓋蘇文，孫臏、龐涓、黃三太、楊香武、燃燈道人、趙公明，乃至哼哈二將等。北方還有以孟良、焦贊為門神的，可能二人的出身不太硬氣，曾落草當過強盜，故不堪登大雅之堂。這二位只好紆尊降貴，在牛棚、馬圈

等處充當守衛。

只有驅鬼鎮妖一種功能的武將門神，已不能滿足人們的多種需要，於是又出現了文官門神和祈福門神。後者寄託了人們祈望升官發財、福壽延年的願望和心態。

門神除武將外，逐漸多樣化了。祈求升官發財，貼文官門神，如文昌帝君；祈求多子多福，貼送子門神，如送子娘娘；祈求家庭和美，貼喜慶門神，如和合二仙等。溫和門神大都貼於院內堂屋門上，以別於街門上的驅鬼鎮邪的武將門神。

門神變成了一個多功能神。門神可以驅鬼神，鎮妖邪，保升官，衛家人，助功利，降吉祥。因此，門神得到民間的禮拜。門神的信仰，寄託着人們心理的某種寄託。

井神

77

井神是保護人們用井水平安的吉祥神。中國古
代講究五祀。這五祀的對象是門神、戶神、井
神、灶神和土神。井神是五祀之一，可見井神
地位之重要。是呀，喝水能不重要嗎？人離開了水是寸步
難行的。

在古代，因為井水是水的來源的重要途徑，所以就顯
得更加重要。那時，在城鄉到處是水井。有了水井，人們生
活才有了基本保證。因此，人民祭祀井神就順理成章了。

那時，人們是怎樣祭祀井神的呢？在農村，大凡每年
除夕時便須封井。春節後第一次啟封挑水時，要燒紙祭井。
一封一啟，標示新的一年開始了。初一為甚麼不挑水呢？
據說，大年三十，井神要到東海，向龍王彙報工作。初二回
來後，要恭候玉皇大帝來視察工作。人們理解此時的井神
很忙，因此，初一不挑水。初二一大早趕忙到井邊挑水，名
曰「搶財」。

遇到節日，人們要到井邊擺上甜食供品，恭敬祭祀，祈
求井神提供清純甜美的井水，水流源源不斷。遇到大旱天
氣，人們要特意到古老的大井裡挑水，澆灌柳枝，祈求井神
助一臂之力，普降大雨，周濟眾生。其他的，娶妻生子、添
人進口，都要以不同的方式祭祀井神，怠慢不得。

井神並不講究，一般沒有廟宇。有的地方，在井邊造一個簡陋的神龕，供奉井神。還有的地方，在井邊並排擺着兩尊石像，一男，稱水井公；一女，稱水井媽。但都不莊嚴隆重，有那個意思罷了。中國老百姓在供奉神明方面也是講究實際的。

井神像

灶神

灶神是民間風俗的居家保護神。又稱灶君、灶王、灶王爺、灶君菩薩。據說，灶神能夠升天到玉皇大帝處，彙報人間的善惡。因此，人們對這位長於打小報告的灶王爺，便心存敬畏。俗語「上天言好事，下界保平安」，說的就是人們對灶神的某種期待。

灶神的形成有一個歷史過程。

最初的灶神，不是人，而是蟲。這個蟲，就是蟑螂。這個說法見於袁珂所編著的《中國神話大詞典》。《莊子‧達生》：「灶有髻。」司馬彪註：「髻，灶神，着赤衣，狀如美女。」《廣雅‧釋蟲》認為，髻是蟬。蟬，灶上有紅殼蟲如蟬，俗呼蟑螂，人或叫作「灶馬」，四川叫作「偷油婆」。古代以此為神物。古人對灶間的蟑螂有所崇拜，以為是灶神。赤衣，就是紅殼；狀如美女，是對蟑螂的崇拜。

也有的學者認為，這個「髻」是個美女。她身穿紅衣，狀如美女，即早期的灶神是個女性。後來，灶神演變成了男性。

很早以前，就出現了男性灶神。西漢劉安著《淮南子》說：「黃帝作灶，死為灶神。」黃帝時期，黃帝就曾兼任灶神。《淮南子》又說：「炎帝於火，死而為灶。」是說炎帝以火德王天下，死後蛻變成灶神。清俞正燮著《癸巳存稿》云：

「灶神，古《周禮》説，顓頊有子曰犁，為祝融，祀以為神。」很早以前，人們就把祝融當作灶神來祭祀了。黃帝、炎帝和祝融，都是左右人類存亡禍福的高等神仙，把他們當作灶神來祭祀，正説明灶神地位的重要。

灶神名氣最大的是張蟬（一名張單）。唐段成式著《酉陽雜俎》説：「灶神名蟬，字子郭，衣黃衣。」張蟬，字子郭。男人女相，長得像個美女，愛穿黃色的衣服，披散着頭髮。灶裡出來，人若呼喚他的名字，就能免除兇惡災害；如果不知道他的名字，見到他就會死去。灶神於壬子日亡故，不可於這一天修理鍋灶。五月辰日，須用豬頭祭祀。雞毛入鍋灶，會招致大禍；犬骨入灶，會生下狂子。這些都是迷信。

農村祭奠灶神的儀式是很講究的。農曆臘月二十三日，俗稱小年。是晚，各村各戶，無不祭祀灶神，名曰祭灶。祭時，用香五根，黃表紙三張，小蠟一對；祭灶燒餅二枚，名曰灶火燒；麥芽糖一塊，名曰灶糖；雄雞一隻，名曰灶馬童；細草少許，糧食五種，清水一杯，謂之馬草，用以飼灶馬者；預備新灶神一張，張貼灶前，謂之換新衣；隨帶黃紙馬二張，約方寸許，名曰灶馬。灶馬一張黏在灶神額上，意謂迎灶神回宮之馬，於元旦黎明焚化；另一張，即於當日隨香表焚化，意謂送灶神升天之馬。

主祭之人必為家長。禮拜時，身後跪一幼童，雙手抱一雄雞，家長叩頭畢，向灶神禱祝數語。祝畢，一手握雞之頂，將雞頭向草料內推送三次，一手將涼水向雞頭傾灑，雞

若驚慄，便謂灶神將馬領受。祭畢晚餐，食時豆腐湯為最不可少之物，並食祭灶神時之灶火燒。謂之過小年節。

有些地方的祭灶風俗，分兩天舉行。農曆臘月二十三日夜祭葷灶，雞、鴨、魚、肉、美酒佳餚，唯恐灶爺不喝個爛醉；農曆臘月二十四日晚上祭素灶，用的是水果、花生、瓜子、金針、香菇、木耳、百合以及點心等供品。各地情況不同，但都少不了糖瓜，即用麥芽糖黏住灶王爺的嘴，他就不能說別人的壞話了。為甚麼要分兩天進行呢？不難理

山東濰坊年畫中的灶王爺爺和灶王奶奶

解，頭一天是賄賂，怕灶神到天庭撥弄是非；第二天是怕灶神貪饞，帶醉上天胡言亂語。

少數民族地區的祭灶，更有特點。廣西環江壯族為祈求不生眼病和疥瘡，每年農曆正月初一至十五日四祭灶神，叫「灶王祭」。分大祭和小祭：大祭三年至五年一次，小祭每年一次。大祭以小豬一頭、公雞一隻為祭品，並請巫師祈神；小祭僅用公雞一隻、豬肉一斤，不請巫師，各家自祭。無論大祭或小祭，婦女都要離開家裡。傳說婦女在家，灶王不敢出來領祭。

舊時北京的祭灶風俗，由下面這首俗曲就可以看出來了。俗曲道：「臘月二十三，呀呀喲，家家祭灶，送神上天，祭的是人間善惡言。一張方桌擱在灶前，牽張元寶掛在西邊。滾茶涼水，草料俱全。糖果子糖餅子，葷素兩盤。當家人跪倒，手舉着香煙，一不求富貴，二不求吃穿，好事替我多說，惡事替我隱瞞。」

79

床神

床神是中國民間禮拜的吉祥神。床神最初也是個概念神，不是形象神。人們禮拜的是他自己心中的抽象概念，而不是客觀的具體形象。由於人們一生在床上待得時間很長，男女之歡，養兒育女，全離不開床，所以對床就產生了一種敬畏的心理。

床神有床公床母之分。據說，床公喜茶，床母好酒。祭祀時，要分別對待。民間祭祀床神，大體有三個目的：一是保佑小孩平安；二是保佑全家安寢；三是保佑夫妻和美。

先說保佑小孩平安。婦女生孩子，小孩出麻疹，都要祭拜床神。小孩生下第三天，用糕點祭拜床神，叫「洗三」。七夕也是女兒節。從前的傳說中，樹有樹神，床有床神。床神是兒童的保護神。通常有小孩的家庭，在孩子十六歲以前都要拜床母。尤其是女孩子在七夕的時候，要拜床母。這樣就會有一雙巧手，會做許多巧事。

次說保佑全家安寢。民間有供奉茶酒於臥室的習俗，以祈求床神保佑終年安寢。祭拜床神大多在年底，也有在陰曆每月初一、十五祭拜的。平時的祭拜，床神要求不高，不用大魚大肉，瓜果糕點亦可，甚至在一個碗裡插上一炷香也行。看來，床神是好說話的。

三說保佑夫妻和美。舊時，新人入洞房時，都要祭拜

周文王姬昌像，《封神真形圖》

床神。祭拜時，也有一套儀式。目的是祈求床神保佑夫妻和美，子孫滿堂，族屬興旺。祭拜床神之俗，南方比北方盛行，至近代已逐漸衰微。

祭祀床神的風俗在宋代已十分流行。宋楊循吉《除夜雜詠》詩曰：「買糖迎灶帝，酌水祀床公。」給灶神買糖果，給床神上茶水，這正是當時民俗的寫照。祭床神不僅民間流行，也逐漸傳入皇宮內廷。宋曾三異在《同話錄》中記載，翰林崔大雅夜晚在翰林院值班，突然宮內皇上降旨，讓他馬上寫一篇《祭床婆子文》。崔大雅不知所以，「惘然不知格式」，不知道這種祭文的格式。他連夜趕到周丞相家討教，周丞相很老練，急忙告訴他，可以套用民間的格式來寫。你這樣寫：皇帝遣某人致祭於床婆子之神曰，汝司床簣，云云。崔大雅如釋重負，趕緊起草了事。

床公床母一般沒有塑像和畫像。後來，出現了一種紙質的床神，如剪紙模樣，一男一女，構圖簡單，剪裁方便，好像就是人們私下剪裁的。將這種紙質床神貼在床上，就可以保佑平安了。

隨着時間的推移，床神也有了自己的供奉對象。一般有二說：一說是真君和元君；一說是周文王夫婦。

80

廁神

廁神是跟廁所有關的神明，是供人們占卜休咎之神。

有意思的是，廁神皆為女性形象。細分起來，廁神大體可以分為兩類。一類是屈死鬼，如紫姑，有人說她是唐朝屈死的何媚，有人說她是漢朝屈死的戚姑；一類是英雄女，如武力廣大無邊的三霄娘娘。

先說屈死鬼廁神。這個廁神是唐朝山東萊陽人，名何媚，字麗卿。武則天稱帝期間，何媚命苦，其夫叫山西壽陽刺史貪官李景給害死了。何媚被李景霸佔為小妾。李景的大老婆見何媚年輕美貌，十分妒忌，時時想要害死她。於是，在農曆正月十五日元宵節之夜，趁何媚入廁之時，大婦將何媚害死在廁中。何媚屈死，冤魂不散，在廁中遊蕩。李景每每入廁，都會隱隱聽到啼哭聲和刀兵聲，令刺史十分恐懼。此事傳到了武則天的耳朵裡，武則天很是驚異。她查明了事情的原委，對屈死的何媚非常同情，當即下旨，晉封何媚為廁神。就這樣，何媚當上了廁神，叫紫姑。也算給何媚一個說法了。

屈死鬼紫姑還有一個說法。有人認為紫姑不是唐朝的何媚，而是漢朝的戚姑。戚姑是漢高祖劉邦的妃子，後遭到呂后的陷害，施以酷刑，砍掉了四肢，成為「人彘」，死在廁

所裡。戚姑的慘死得到後人的同情。因此，人們就說紫姑神的原形是漢高祖的妃子戚姑了。

廁神《新刻出像增補搜神記》，明金陵唐氏富春堂刊本。明萬曆元年，一五七三年

以上説的是屈死鬼廁神的類型。

次説英雄女廁神。英雄女廁神是指三霄娘娘，即雲霄、瓊霄和碧霄三位仙姑。她們是《封神演義》裡的三仙島的三位女俠的藝術形象。她們的兄長是著名的武財神趙公明。趙公明幫助商王打周王，不幸戰死。三霄娘娘為其兄報仇，也投入了殘酷的廝殺。她們個個武藝高強，功夫超人。最要命的是她們握有兩件稀世法寶，一件是金蛟剪，一件是混元金斗。這兩件法寶將她們的敵人都打敗了。所有的神仙在這兩件法寶面前，都喪失了法力，一律被擒。到最後，驚動了元始天尊和太上老君。這兩位元老親自出馬，才輕而易舉地要了三霄娘娘的性命。

最後，姜子牙奉元始天尊之命封神時，三霄娘娘被封為感應隨世仙姑正神。具體內容如下：「今特敕封爾三姑執掌混元金斗，專管先後之天，凡一應仙凡人聖天子諸侯貴賤賢愚，落地先從金斗轉劫，不得越此，為之位。」

《封神演義》作者許仲琳藉此發揮道：「雲霄娘娘、瓊霄娘娘、碧霄娘娘，以上三姑正是坑三姑娘之神。混元金斗即人間之淨桶，凡人之生育，俱從此化生也。」這就是説，三霄娘娘就是坑三姑娘，坑是指北方的茅坑、糞坑。並進一步説明，混元金斗不過是人們經常使用的淨桶罷了。總之，英雄的三霄娘娘就是廁神。四川峨眉山曾有一座著名的三霄娘娘廟。三霄娘娘的塑像是娘娘模樣，三人合祀，神態莊嚴，表情穩重。

地神

土地神，民間俗稱土地爺、土地公。其老伴，則俗稱土地婆、土地奶奶。道教神仙中，土地的級別最低，權力最小。但由於土地爺和土地婆離人間最近，最接地氣，所以頗得百姓尊敬和信奉。

人類敬仰天空，同樣崇拜大地。古人崇拜大地的形式很多，其中最正式最莊嚴的應數社稷。社稷，社代表土地；稷代表穀物，它們是最為農業社會所重視的。古代帝王，每年春秋，都要祭祀社稷。清乾隆皇帝每年農曆二月和八月，都要遣官或親自前往社稷壇祭祀。祭祀前，乾隆皇帝一定要齋戒三日，以示隆重。

我們還知道一個詞 —— 神祇。這裡的神，指的是天神；祇，指的是地神。東漢許慎著《說文解字》解釋：「祇，地祇，提出萬物者也。」地神是提供和出產萬物的神仙，可見其對人類

《歷代君臣圖像》作為土地神的岳飛

的重要性。

很多中國古代的土地爺都是當地名人。最早的土地爺是漢朝的秣陵尉蔣子文，他是秣陵（南京）的土地爺，後來還成為十殿閻羅第一殿秦廣王。北宋文學家韓愈是北京的土地爺。唐朝的書法家、「草聖」張旭是江蘇常熟的土地爺。北宋文學家蘇軾是浙江杭州的土地爺。南宋時期的抗金英雄岳飛則被尊為臨安（今杭州）的土地爺。

絕大多數土地爺和土地婆的形象是很親民的，一般就是普通老頭老太的打扮，並無過分的裝飾和法器。他們的土地廟也很簡單，甚至可以說是簡陋，好點的有間房子；差些的就是幾塊磚頭壘的小台子；有的甚至乾脆用一塊破木板，就把土地爺打發了。當然，土地爺來自民間，知道當地疾苦，也不會錯怪百姓。

不過，有些地方的土地廟可以稱得上是豪宅了。在中國台灣地區，土地被稱作福德老爺、福德正神。這位老爺一身財主打扮，身穿綾羅錦緞，左手持金元寶，右手拿碧玉如意或拐杖。他們住的地方更是金碧輝煌。在台灣台中市的水景福隆宮裡面，就住着這樣一位福德老爺。你看他不僅住的地方豪華舒適，而且頭上竟然戴着金冠。

難道做土地爺也要學會投胎這個技術活？

城神

城神即城隍，是古代神話中城池的守護神，後來為道教所信奉。城隍神最早的雛形，是水庸神。據《周禮》記載，蠟祭八神之一，就有水庸神。水庸，即水溝。對此，清趙翼著《陔餘從考》卷十五說：「水則隍，庸則城也。」這就證實了水庸神是最早的城隍神的說法。

古代的國家，一般都是城市國家。城牆對一個國家的安全十分重要。當然，僅有城牆，還是不夠的。城牆之外，必須有護城壕。護城壕裡，還必須蓄滿池水。因此，城隍神就具有了保家衛國的特殊意義。有了城隍神的保佑，城池就可以固若金湯。對城隍神的崇拜，也就順理成章了。

各地的城隍基本都是當地的名人。西漢大將紀信因其忠心耿耿，被奉為鄭州城隍；上海有三大城隍，即老城隍西漢政治家霍光、二城隍明太祖時期的侍讀學士秦裕伯、新城隍清代江南提督陳化成；浙江杭州的城隍是南宋民族英雄文天祥；江蘇蘇州的城隍是春秋戰國時期的政治家春申君。

城隍是有等級的。明代，城隍被分為五個等級，即第一等京師城隍，封福明靈王；第二等都城隍，封明靈公，掌管省；第三等府城隍，封威靈公，掌管府；第四等州城隍，

封靈佑侯，掌管州；第五等縣城隍，封顯佑伯，掌管縣。城隍下轄三司，即陰陽司、速報司、糾察司。其他屬下還有文武判官、范謝將軍、牛馬將軍、甘柳將軍、韓盧將軍、日夜遊神、枷鎖將軍等。

今天西安的城隍廟就是明太祖朱元璋洪武年間修建的。它雄偉壯麗，蔚為大觀，呈一時之盛。大殿正中是城隍神，兩旁分列判官、牛頭、馬面、黑白無常等鬼卒，面目猙獰，陰森恐怖，展現了陰間的一角。

第九章

山澤神

月神

月神是中國民間喜聞樂見的愛情之神。月神，
又稱月姑、月精、月娘、月宮娘娘、月光菩薩、
太陰星主等。

月神，在我們的心目中，大抵是指美麗的嫦娥。中國
古書上將嫦娥奔月和后羿射日的神話傳說有機結合，並加
以巧妙的編織和合理的鋪演，就變成了一個相對完整的悽
美的神話故事。

嫦娥奔月和后羿射日的故事，分別來源於中國古籍《山
海經》和《淮南子》。據《山海經・大荒西經》記載：「帝俊
妻常羲。」這裡的「常羲」，就是嫦娥。嫦娥，又叫常儀、姮
娥、常娥。

其實，后羿本來是一位天神。他是奉天帝之命下到人
間，對蒼生救苦救難來了。這個救苦救難的故事，來源於
西漢劉安著《淮南子・本經》。這裡說到，堯的時候，人間
出現了異常情況。天上突然同時冒出來十個太陽，強烈的
陽光照在萬物上，烤焦了莊稼，曬殺了草木，老百姓斷了吃
食，奄奄一息，嗷嗷待哺。此時，各種妖魔鬼怪、毒蛇猛獸，
也紛紛出籠，危害人類。天下大亂，民不聊生。面對此情此
景，后羿下凡到人間救苦救難，鏟除妖魔。他用特製的弓
箭，一口氣射落了九個太陽，並除掉了出籠危害人類的妖

嫦娥像

魔鬼怪，還老百姓一個正常的世界。從此，老百姓可以安居樂業了。

不承想，被射落的九個太陽都是天帝的兒子，惹了大禍。天帝大怒，將后羿和他的妻子嫦娥雙雙趕下天界，貶為凡人。后羿和嫦娥不滿意在人間的生活，還想回到天堂，就請求西王母賜給他們長生不死之靈藥。不久，他們得到這服靈藥。后羿徒弟趁其不在家欲偷靈藥，恰被嫦娥撞見。慌亂之中，嫦娥吞下了靈藥。吃了長生不死藥的嫦娥，飛上了月宮。后羿失去了愛妻，很是失落，但也沒有辦法了。嫦娥飛到了月宮，成了月宮的主人，就是月神。

但嫦娥在廣漠的月宮也感到無限的寂寞，從而更加思念在人間的丈夫后羿。因此，嫦娥設了一計，讓后羿在陰曆八月十五日月明之時，做成圓形的丸子，放在屋內的西北方向，三更時分，連呼嫦娥的名字，嫦娥就可以從月宮飛回人間了。后羿如法炮製，終於如願以償。后羿和嫦娥得以團圓，圓狀形的丸子就變成了後來的月餅。中秋節望月宮，吃月餅，正是盼望戀人、親人永遠團圓之意。

青年男女談情說愛，往往在花前月下。對月海誓山盟，是古代才子佳人的通行做法。他們祈求月宮娘娘為他們的愛情作證，讓他們白頭偕老，相愛終生。因此，美麗的嫦娥就成了戀愛男女的見證人。月神一直寄託着戀愛中的男女的複雜情懷。

雷神

雷神有很多，雷界最高的神是九天應元雷神普化天尊。九天，亦稱九霄，它們是中央鈞天、東方蒼天、東北變天、北方玄天、西北幽天、西方顥天、西南朱天、南方炎天、東南陽天。雷神是正義之神，是懲惡之神，是揚善之神。這個九天應元雷神普化天尊具體是指誰呢？有三種說法。

第一種說法，是元始天尊第九子玉清真王。說他專制九霄三十六天，執掌雷霆之政，稱「神雷真王」。

第二種說法，是黃帝。古代典籍裡說道：「黃帝名軒轅，北斗神也，以雷精起。」「軒轅星，主雷雨之神。」「軒轅十七星，在七星北，黃龍之體，主雷雨之神。」明末清初學者徐道著《歷代神仙通鑒》（一名《三教同源錄》）記載：「（黃帝）封號為九天應元雷神普化真王。所居神雷玉府，在碧霄梵氣之中，去雷城二千三百里。雷城高八十一丈，左有玉樞五雷使院，右有王府五雷使院。真王之前有雷鼓三十六面，三十六神司之。凡行雷之時，真王親擊本部雷鼓一下，即時雷公雷師興發雷聲也。雷公即入雷澤而為神者也。力牧敕為雷師皓翁。三十六雷，皆當時輔相有功之臣。」

這裡描寫了一個雷神的世界：雷城二千三百里外，有神雷玉府，神雷玉府的左邊有玉樞五雷使院，右邊有王府五

雷使院。神雷玉府裡端坐着雷神真王，真王前端立着三十六位神司，每位神司前擺放着一面雷鼓，共三十六面，為司雷之用。這分明是一個完整的雷的世界。而這個九天應元雷神普化真王，就是黃帝。

第三種説法，是聞仲。此説源於明代小説家許仲琳的《封神演義》。《封神演義》第二一九回「姜尚登壇封神眾」裡寫道：「今特令爾督帥雷部興雲佈雨，萬物長生，誅逆除奸，善惡由之禍福。敕封爾為九天應元雷聲神普化天尊之職，仍率領雷部二十四員催雲助雨護法天君，任爾施行。其爾欽哉！」姜子牙除敕封了聞仲外，又封了鄧忠、辛環、張節、陶榮、劉甫、苟章、畢環、秦完等二十四員雷部正神，還封了二位女性，金光聖母為閃電神，菡芝仙為助風神。

拜神怪小説《封神演義》廣為流傳所賜，第三種説法佔了上風。現在百姓熟知的雷界最高的神是商紂朝太師聞仲。聞仲十分了得，他額有三目，中目一睜，能發出白光一道，大約有二尺多長。他曾乘騎黑麒麟，周遊天下，霎時即可行至千里之外。相傳六月二十四日乃天尊出現的吉日，故古時民間在這一天致祭。

其實，雷神的形象有一個發展變化的過程。古代典籍裡描寫的雷神，形態各異。有説「豕首麟神」的；有説「狀如六畜，頭如獼猴」的；有説其形如鬼怪的；有説「若力士之容」的；有説「大首鬼形」的。到了明清時期，雷神的形象漸趨統一。清黃伯祿所著的《集説詮真》裡有一段對雷神

九天應元雷神普化天尊

的描寫，大體是雷神塑像的文字基礎。其文曰：

今俗所塑之雷神，狀若力士。裸胸坦腹，背插兩翅，額具三目，臉赤如猴，下顎長而銳，足如鷹鶴，而爪更厲，左手執楔，右手持槌，作欲擊狀。自頂至旁，環懸連鼓五個，左足盤躡一鼓，稱曰雷公江天君。

這裡描寫的「臉赤如猴，下顎長而銳」，就是典型的雷神臉型。也就是人們常說的猴臉和尖嘴，即「雷公臉」與「雷公嘴」。

雷神在百姓的心目中是正義之神。這是古代人們對自然現象處於蒙昧無知狀態下，對自然的一種唯心的解釋。人們創造了雷神，希冀雷神主持正義，消解他們心中的不平。

風神

85

風神民間又稱風伯、風師。風神是掌管風的起
停、強弱、方向的自然神。中國地域廣大，地
勢複雜，風的表現形態各異。因之，傳說中的
風神，古今有別，南北有差。

說到風，我們自然想到了戰國宋玉的名篇《風賦》。

楚襄王問：「夫風，始安生哉？」宋玉對曰：「夫風生於
地，起於青萍之末，侵淫溪谷，盛怒於土囊之口。緣泰山之
阿，舞於松柏之下。」白話翻譯是這樣的。楚襄王問：「風
剛開始是從哪裡發生出來的？」宋玉答：「風發生在大地上，
從浮萍的尖端吹起逐漸擴展到山谷，在大山洞的洞口增加
了威力。沿着大山的山坳，吹動松柏搖擺不停。」

這是楚襄王和文學侍從宋玉在探討風的起因。宋玉的
回答，認為「風生於地」，這個回答還是唯物的、可信的。
但是古人往往認為有一種特殊的物體推動，從而形成了風，
這個物體就是風神。

傳說中的風神著名的有四位。

第一位是箕星。風是一種客觀存在的自然現象，但它與
雨雪冰雹不同，是看不見、摸不着的。風是怎樣形成的，古
人百思不得其解，認為也許與天上的星辰有關。於是，箕星
就作為風神被供奉。

東漢應劭著《風俗通義》載：「風師者，箕星也，主簸物，能致風氣也。」學者蔡邕進一步解說：「風伯神，箕星也。其象在天，能興風。」這是說，箕星是風師，是風伯，是風神。那麼，箕星是甚麼星呢？箕星又稱箕斗、斗宿，共由四顆星組成。古人將其在天上形成的圖形，想像成篩糧食的工具簸箕的形狀。箕星好像用簸箕篩選糧食那樣，「主簸物，能興風」。因之，箕星就成為古人心目中的風神了。

第二位是飛廉。這是大詩人屈原說的。屈原在《離騷》中吟道：「前望舒使先驅兮，後飛廉使奔屬。」其中的「望舒」又稱「纖阿」，是為月神駕車的馭者。東漢王逸註曰：「飛廉，風伯也。」宋洪興祖補註：「應劭曰：『飛廉，神禽，能致風氣。』」

如此看來，「飛廉」就是風神，他發出的勁風，推動着月神的香車飛奔。那麼，飛廉的尊容如何呢？宋洪興祖補註：「晉灼曰：『飛廉鹿身，頭如雀，有角，而蛇尾豹文。』」飛廉就是這樣一個長相奇特的風神。

第三位是風姨。風姨出自清李汝珍所著的神怪小說《鏡花緣》。小說描寫三月初三日正值西王母聖誕日，眾位仙子到西方崑崙山，同赴「蟠桃聖會」，為西王母祝壽。席間，嫦娥舉杯倡議，百花仙子發個號令，讓百花一齊開花，共同來為西王母祝壽。

百花仙子十分為難，說道：「小仙所司各花，開放各有一定時序，非比歌舞，隨時皆可發令。月姊今出此言，這是苦我所難了！」表示不能照辦。

不承想，風神風姨聞聽百花仙子之言，在旁便說道：「據仙姑說得其難其慎，斷不可逆天而行。但梅乃一歲之魁，臨春而放，莫不皆然。何獨嶺上有十月先開之異？仙姑所謂號令極嚴、不敢參差者安在？世間道術之士，以花為戲，佈種發苗，開花頃刻。仙姑所謂稽查最密、臨期而放者又安在？他如園叟花傭，將牡丹、碧桃之類，澆肥炙炭，歲朝時候，亦復芬芳呈豔，名曰『唐花』。此又何人發號播令？總之，事權在手，任我施為。今月姊既有所懇，無須推託。待老身再助幾陣和風，成此勝會。況在金母筵前，即玉帝聞之，亦為便加罪。若有過失，老身情願與你分任，何如？」

嫦娥對百花仙子的要求是強人所難，很不合理；而風姨不但不加以勸阻，反而慫恿百花仙子做錯事。當然，百花仙子堅持原則，沒有按她們的要求去做。從中可見，風姨在此是不講原則的，但卻很有個性。李汝珍所塑造的風姨形象，就是一個女性風神。

第四位是方天君。清黃伯祿所著的《集說詮真》裡介紹了一位民間熟知的男性風神方天君：「今俗塑風伯像，白鬚老翁，左手持輪，右手執箑，若扇輪狀，稱曰：風伯方天君。」這個風神的形象深入人心，在民間廣為流傳。

風既有暴虐的一面，又有和善的一面。人們有時詛咒它，有時又歌頌它。給人們造成災難時，人們強烈地詛咒它；給人們帶來喜悅時，人們熱烈地歌頌它。總的看，風是人們的朋友，人們是喜愛它的。因此，古代的人們虔誠地祭祀風神。

86

雨神

　　雨神是掌管雨水的自然神。雨神又稱為雨師。古代雨神著名的有五位。

　　第一位是畢星。東漢蔡邕在《獨斷》裡説道:「雨師神,畢星也。其象在天,能興雨。」這裡説畢星是雨神。畢星就是古代所説的畢宿。畢宿是二十八星宿之一,為西方白虎七宿之第五宿。畢宿共有八顆星,在金牛座。

　　古人為甚麼祈求雨神?旱災對社會生活影響極大,古人往往束手無策,只得祈禱雨神。西周及春秋列國,將祭祀雨神列為國家祀典,絲毫不敢大意。秦國還專門建造了國家級的雨師廟,定期祭祀,以求得雨神的保佑。據説,當時秦國的「風伯、雨師之屬,百有餘廟」。可見,古人對自然神風神和雨神的敬畏之心。

　　第二位是屏翳(亦稱玄冥)。在《山海經·海外東經》中,郭璞註曰:「雨師,謂屏翳也。」而東漢應劭著《風俗通義》載:「玄冥,雨師也。」這是關於雨神的古代的一種説法,但沒有更多的詳細記載。

　　第三位是商羊。商羊是鳥名,是一位雨神。《三教源流搜神大全》卷七寫道:「雨師神,商羊是也。商羊神鳥,一足,能大能小,吸則溟渤可枯,雨師之神也。」這個神鳥,一隻腳,可以變化大小,能量很大,能夠吸光渤海之水。這

商羊確實是一個神奇的雨師。

《孔子家語‧辯政》裡這樣記載商羊：「齊有一足之鳥，飛集於宮朝，下止於殿前，舒翅而跳。齊侯大怪之，使使聘魯，問孔子。孔子曰：『此鳥名曰商羊，水祥也。昔有童兒屈其一足，振訊兩眉而跳，且謠曰：天將大雨，商羊鼓舞。今齊有之，其應至矣。急告民趨治溝渠，修堤防，將有大水為災。』頃之，大霖雨，水溢泛諸國，傷害民人，唯齊有備不敗。」這個神話故事，主要是描寫了雨師商羊救助百姓的功績，彰顯了雨神的重要作用。

第四位是赤松子。明洪自誠著《仙佛奇蹤》云：「赤松子，神農時雨師，煉神服氣，能入水不濡；入火不焚。至崑崙山，常至西王母石室中，隨風雨上下。炎帝少女追之，亦得仙俱去。高辛時為雨師，間遊人間。」

明末清初學者徐道著《歷代神仙通鑒》（一名《三教同源錄》）描寫的赤松子更為詳細：「（神農時）川竭山崩，皆成砂磧，連天亦幾時不雨，禾黍各處枯槁。有一野人，形容古怪，言語癲狂，上披草領，下繫皮裙，蓬頭跣足，指甲長如利爪，遍身黃毛覆蓋，手執柳枝，狂歌跳舞，曰：『予號曰赤松子，留王屋修煉多歲，始隨赤真人南遊衡嶽。真人常化赤色神首飛龍，往來其間，予亦化一赤虯，追儳於後。朝謁原始眾聖，因予能隨風雨上下，即命為雨師，主行霖雨。』」

綜合以上兩條，可知赤松子是神農或帝嚳時期的雨師。他神通廣大，法力無邊，能隨風雨上下，入水不濕，入火不

焚，常化作赤龍，往來飛舞。由此，引起天帝的注意，即命他為雨師，主管霖雨之事。

　　第五位是陳天君。據清黃伯祿著《集說詮真》描述，陳天君的形象為「烏髯壯漢，左手執盂，內盛一龍，右手若撒水狀」。這位陳天君不很出名，但他的形象卻被民間接受了。

87

火神

火神是中國古代神話傳説中主管火的自然神。
火神在神話傳説中，著名的有三位。

　　第一位是祝融。據説，祝融是炎帝的後裔。
《山海經・海內經》記載：「炎帝之妻，赤水之子德沃，生炎
居，炎居生節並，節並生戲器，戲器生祝融。」可見，祝融
乃炎帝之後裔。祝融的長相如何？《海外南經》記載：「南
方祝融，獸身人面，乘兩龍。」可知，祝融是個亦人亦獸的
怪物，神通廣大，乘騎兩條龍。西晉郭璞註：「（祝融）火神
也。」傳説祝融在衡山一代遊息。他教會了百姓如何取火用
火，給百姓的生活帶來前所未有的便利。因此，後世管理火
的火正就以他的名字命名。當時，南方有一條火龍作怪，牠
噴出的烈焰燒毀了百姓的許多財產。祝融乘龍飛去，用神
鞭將火龍打死，為民除害。從此，人們祭祀他，祈禱他的幫
助。祝融成為中國人心目中的火神。

　　第二位是閼伯。《左傳・昭公元年》記載道：「昔高辛氏
有二子，伯曰閼伯，季曰實沈。居於曠林，不相能也。日尋
干戈，以相征討。後帝不臧，遷閼伯於商邱。主辰，商人是
因，故辰為商星；遷實沈於大夏，主參，唐人是因，以服事
夏商。」這是史書關於火神閼伯的記載。

　　根據史書記載和民間傳説，可以捋出有關火神閼伯的

情況。

先說說高辛氏。高辛氏是傳說中的古帝王，就是帝嚳。帝嚳是黃帝的曾孫。帝嚳出生時就是神靈，能夠察微知遠，仁而威，惠而信，修身而天下服。帝嚳作曆法，敬鬼神，節用財物，撫教萬民，四遠皆從。帝嚳是個好帝王。

再說說閼伯哥倆。帝嚳有兩個兒子，哥哥叫閼伯，弟弟叫實沈。哥倆生活在廣袤的森林裡，但是關係很不融洽，幾乎天天武力相見，互相廝殺。後來，帝嚳無法，只得想辦法把哥倆分開。帝嚳將哥哥分封到商邱為火正，主管火事，封號叫商。將弟弟實沈分封到大夏，主管參星。二人後來成為神星。閼伯死後被稱為商星，實沈死後被稱為參星。參星居西方，商星在東方。一個落下時，一個正好升起。兩顆星，出沒永不相見。因此，後來比喻二人久別或兄弟不睦，叫參商。唐朝大詩人杜甫在《贈衛八處士》一詩中寫道：「人生不相見，動如參與商。」其典故就源於此。

最後說說閼伯台。閼伯在封地「商」做火正，忠心耿耿，嘔心瀝血，深受人民愛戴，人民感念他的功德，尊他為火神。閼伯在掌管火事的同時，還築台觀察日月星辰。閼伯以觀察的結果為依據，測定一年自然的變化和作物的收成。閼伯的天文台是我國最早的天文台之一。他死後葬於封地。由於閼伯封號為「商」，他的墓塚也被稱為商丘。今天商丘之地名，亦由此而來。

據宋王明清著《揮麈後錄》云：「太祖皇帝草昧日，客遊

睢陽，醉臥閼伯廟。」是說宋太祖趙匡胤還沒有當皇帝時，曾經到過睢陽，並醉臥在閼伯廟裡。這就說明，至少在五代時閼伯廟就存在了。睢陽是現在商丘市的一個區，即睢陽區。

閼伯台，又稱火星台或火神台。位於商丘古城西南 1.5 公里處。現存閼伯台如墓狀，高 35 米，周長 270 米，夯土築成。層層夯土中夾雜不少漢代的瓦片與陶片，由此，閼伯台可能是漢代所築。原來的閼伯台因黃河泥沙多次淤積，隱於現存台下。

閼伯台下的土丘，即閼伯始封之商丘。閼伯台在一望無際的大平原上，顯得高大突兀。此台為古代商丘都城一帶的最高點，再加之古人認為閼伯台的精氣，上閼應商星，所以，自古以來，人們都把閼伯台看作是商丘的象徵。閼伯台上現有閼伯廟，為元代建築。廟宇有大殿、禪門、配房、鐘鼓樓。殿宇飛檐走獸，金碧輝煌。明清以來，幾經修葺。1981 年又重修。每年陰曆五月初七日，方圓數百里的民眾前往朝拜，謂之朝台，至二月初二日方止。朝台趕會者每天多達數萬人。

第三位是火德星君羅宣。這是《封神演義》中姜子牙任命的。姜子牙命道：「敕封爾（羅宣）南方三氣火德星君正神之職，加領本部五位正神，任爾施行，巡查人間之善惡，以降天上之災祥，秉政無私。爾其欽哉！」火部五位正神的名號依次為尾火虎朱招、室火豬高震、觜火猴方貴、翼火

火神祝融，《山海經》十八卷，
郭璞註，蔣應鎬繪圖，明萬曆時期刊本

龍玉蛟、接火天君劉環。至此，火德星君加上五位正神，這六位火神構成了一個火神組合，協助太上老君處理天下關於火的事宜。

清代皇帝對祭祀火神，十分在意。乾隆帝就自己或遣人按時祭祀火神。《清高宗實錄》記載，乾隆元年六月二十三日丙戌（1736 年 7 月 31 日），乾隆帝即遣官祭火神廟。類似記載，不勝枚舉。

河神

河神是指黃河的水神河伯。河伯，也稱冰夷、馮夷和無夷。唐段成式著《酉陽雜俎》云：「河伯人面，乘兩龍。一曰冰夷，一曰馮夷，又曰人面魚身。」晉葛洪云：「馮夷以八月上庚日渡河溺死，天帝署為河伯。」這是說，河伯是個溺水而亡的溺死鬼。西晉司馬彪著《清冷傳》云：「（馮夷）華陰潼鄉堤首人也，服八石，得水仙，是為河伯。」這是說，馮夷在水中得到水仙的仙氣，而變成了河伯。

河伯的長相怎樣呢？有的說是「人面」；有的說是「人面魚身」；有的說是「人面牛身」；有的說是「牛首人面」；有的說是「白面長人魚身」。戰國尸佼著《尸子》云：「禹理水，觀於河，見白面長人魚身，出曰：『吾河精也。』授禹圖而還於淵中。」這是說，大禹治水時還親眼見過河神，並得到河圖一紙。

這些關於長相的傳說，比較貼切的是「人面魚身」，因為河伯是游弋在水中，總是跟魚有關聯的。

對河伯的形象記載，當屬屈原的《楚辭·九歌·河伯》：「與女游兮九河，衝風起兮橫波，乘水車兮荷蓋，駕兩龍兮驂螭。」原來把「女」讀成「汝」，意指河伯；聞一多《楚辭校補》認為，「女」當為河伯樂所從游之少女，較為合理。

此段語義為:「和女同游啊滔滔九河,衝鋒破浪啊滑過水波。如乘水車啊荷葉當蓋,駕兩金龍啊自由快活!」這似乎是關於河伯的最早的文學描寫。

　　河伯不是正義之神,而是邪惡之神。在古代神話傳說中,他是個個性卑劣、好勇鬥狠、飛揚跋扈、貪色戀淫之徒。

河神像

《史記》中有河伯娶婦的記載。《史記·滑稽列傳》：

魏文侯時，西門豹為鄴令（縣長）。豹往到鄴（今河北省臨漳縣），會長老，問之民所疾苦。長老曰：「苦為河伯（河神）娶婦，以故貧。」豹問其故，對曰：「鄴三老、廷掾常歲賦斂百姓，收取其錢得數百萬。用其二三十萬為河伯娶婦，與祝巫共分其餘錢持歸。當其時，巫行視小家女好者，云是當為河伯婦，即娉（同聘）取。洗沐之，為治新繒綺縠衣，間居齋戒；為治齋宮河上，張緹絳帷，女居其中。為具牛酒飯食，十餘日。共粉飾之，如嫁女床席，令女居其上，浮之河中。始浮，行數十里乃沒。其人家有好女者，恐大巫祝為河伯娶之，以故多持女遠逃亡。以故城中一空無人，又困貧，所從來久遠矣。民人俗語曰：『即不為河伯娶婦，水來漂沒，溺其人民云。』」西門豹曰：「至為河伯娶婦時，原三老、巫祝、父老送女河上，幸來告語之，吾亦往送女。」皆曰：「諾。」

至其時，西門豹往會之河上。三老、官署、好長者、里父老皆會，以人民往觀之者三二千人。其巫，老女子也，已年七十。從弟子女十人所，皆衣繒單衣，立大巫後。西門豹曰：「呼河伯婦來，視其好醜。」即將女出帷中，來至前。豹視之，顧謂三老、巫祝、父老曰：「是女子不好，煩大巫嫗（大巫婆）為入報河伯，得更求好女，後日送之。」即使吏卒共抱大巫嫗，投之河中。有頃，曰：「巫嫗何久也？弟子趣（催促）之！」復以弟子一人投河中。有頃，曰：「弟子

何久也？復使一人趣之！」復投一弟子河中。凡投三弟子。西門豹曰：「巫嫗、弟子是女子也，不能白事（白事，稟報事情），煩三老為入白之。」復投三老河中。西門豹簪筆磬折（形容西門豹裝出恭敬的樣子），向河立待良久。長老、吏、旁觀者皆驚恐。西門豹顧曰：「巫嫗、三老不來還，奈之何？」欲復使廷掾與豪長者（地方豪紳）一人入趣之。皆叩頭，叩頭且破，額血流地，色如死灰。西門豹曰：「諾，且留待之須臾。」須臾，豹曰：「廷掾起矣。狀河伯留客之久，若（你們）皆罷去歸矣。」鄴吏民大驚恐。從是以後，不敢復言為河伯娶婦。

此中的河伯即指河神。這個河神被愚昧的人們利用了。官府與巫祝、豪紳相互勾結，魚肉百姓，百姓苦不堪言。清官西門豹到任，即巧妙地利用這個為河伯娶婦的醜惡罪行，以毒攻毒，狠狠地打擊了魚肉百姓的惡勢力，為民除害，大快人心。同時，西門豹帶領全城老百姓挖河修壩，根除水患。漳河兩岸年年豐收，人們都非常感激西門豹。

89

山神

山神是傳說中的高山大嶺的自然神。中國典籍中提到的山神很多,幾乎每座名山都有自己的山神。其中,級別最高的山神是黃天化。

黃天化是個少年英雄。他在同商紂的戰鬥中立下了汗馬功勞。

當時,商營擁有四員戰將,即魔家四兄弟:魔禮青、魔禮紅、魔禮海、魔禮壽。這四兄弟武功了得,還都擁有絕殺法器。因此,兩相交鋒中,周營屢屢敗下陣來,甚至姜子牙親自出馬,也沒有勝算。在強大的敵人面前,周武王和姜子牙陷入了深深的苦悶之中。「君臣悶坐,彼此暗暗為難,想不出良謀妙計,怎能退去商營這支人馬」。

他們的愁苦,驚動了青峰山紫陽洞清虛道德真君。他掐指一算,知道姜太公被魔家四將困於岐山關,遂決定特派徒孫黃天化下山,解燃眉之急。黃天化領命,手抱兩柄銀錘,腰揣法器鑽心釘,乘騎怪獸玉麒麟,騰雲駕霧,飛到了岐山關周營。

魔家四將見黃天化只是一個十多歲的少年郎,更加傲慢狂妄。在同黃天化對陣時,魔禮青輕蔑地呼道:「幼兒,問吾等姓名,聽真!老爺姓魔,雙名禮青,二爺禮紅,三爺禮海,四爺禮壽。在紂王駕下稱臣,官拜佳夢關權衡。

今奉旨領兵在此安營，爾等何名，報將上來，也好在疆場廢命。」

但是，就是這個看似不起眼的「幼兒」，卻在幾個回合中，先後將魔家四將斬首，破解了岐山關的圍困，取得了輝煌的勝利。

由此，黃天化進入了功臣榜，得到了重要的冊封，成為管領三山正神丙靈公。他的手下還有五嶽正神，即五嶽之首東嶽泰山天齊仁聖大帝黃飛虎、南嶽衡山司天昭聖大帝崇黑虎、中嶽嵩山中天崇聖大帝聞聘、北嶽恆山安天玄聖大帝崔英、西嶽華山金天順聖大帝蔣雄。

古時，進山人對山神執禮甚恭。以採藥人為例，進山前須齋戒五十日。進山時須「牽白犬，抱白雞」，以博得山神喜歡，將芝草玉藥寶玉奉獻出來。離山百步遠時，要呼喊山王名「林林央央」，確保百邪不近身。採藥人要熟知進山的禮節，只有這樣，才能得到山神的庇佑，取得預期的效果。

山神黃天化像

瘟神

90

瘟神也稱疫神，或作瘟鬼、疫鬼、五瘟使者。中國古代神話中的降瘟之神。

瘟神古代傳說中有三個版本。

第一個版本。東漢蔡邕著《獨斷》記載：「帝顓頊有三子，生而亡，去為鬼：其一居江水，是為瘟鬼；其一居若水，是為魍魎；其一居人宮室樞隅處，善驚小兒。」這是說，顓頊帝有三個兒子，剛生下來，就不幸夭亡，變成了厲鬼。其中一個居住在江水，變成瘟鬼；其中一個居住在若水，變成怪鬼；其中一個居住在宮室門軸底下，變成驚嚇小兒的惡鬼。可知，瘟鬼是顓頊帝三個兒子中的一個變成的。

第二個版本。隋唐時代出現了五瘟神的說法，五瘟神也叫五瘟使者。這種說法來自《三教源流搜神大全》卷四：「昔隋文帝開皇十一年六月內，有五力士現於凌空三五丈，于身披五色袍，各執一物。一人執杓子並罐子，一人執皮袋並劍，一人執扇，一人執鎚，一人執大壺。帝問太史居仁曰：『此何神？主何災福也？』張居仁奏曰：『此是五方力士，在天為五鬼，在地為五瘟使者。春瘟張元伯，夏瘟劉元達，秋瘟趙公明，冬瘟鍾仕貴，總管中瘟史文業。』帝乃立祠，詔封五方力士為將軍。後匡阜真人遊至此祠，即收服五瘟神為部將也。」

瘟神本來是為害地方、製造瘟疫的凶神惡煞，這五瘟神也是如此。他們每人都手執法器，威力廣大。隋文帝意在令他們改邪歸正，造福黎民，即詔封五方力士為將軍。其中青袍力士封為顯聖將軍，紅袍力士封為顯應將軍，白袍力士封為感應將軍，黑袍力士封為感成將軍，黃袍力士封為感威將軍。於是，隋唐之際，人們都在五月五日祭祀瘟神。後來正神匡阜真人用法力將這五瘟神收服為部將，稱五瘟使者，變害為福了。

其實，據說這五瘟神是有些來歷的。據《管子·輕重甲》說：「昔堯之五吏五官，無所食，君請立五厲之祭，祭堯之五吏。」五厲之厲，就是癘，五厲就是五種疫癘之神。五厲據說就是隋唐時期的五瘟神。因此，五瘟神來歷是很久遠的，在遙遠的堯帝時代就存在了。

第三個版本。這個說法來自明許仲琳著《封神演義》。《封神演義》中姜太公封呂岳為主瘟　昊天大帝之職。其手下還有六位正神：東方行瘟使者周信、南方行瘟使者李奇、西方行瘟使者朱天麟、北方行瘟使者楊文輝、勸善大師陳庚和瘟道士李平。這就是說，瘟神是呂岳，他手下還有東西南北四位行瘟使者及勸善大師和瘟道士。

牛王

91

牛王即牛神，是古人崇拜的動物神，人間動物的守護神。牛王是何來歷？古代傳說有二。

一說是一株大梓樹。

據唐代志怪小說集《列異傳》記載，公元前 739 年，秦文公派人到南山伐樹。伐樹進展順利，但遇到了一株特殊的大梓樹，很棘手。這株樹很是奇怪，隨砍隨合，根本伐不倒它。秦文公不信邪，立即加派四十餘個身強力壯者，不停歇地輪流砍伐，然而仍然不見效，還是砍不倒，人們只得暫時撤下去休息。一個力工，因腳上受了傷，沒有離開，躺在樹下休息。

到了晚間，這位力工忽然聽到說話聲，感到十分詫異。他屏住呼吸，仔細傾聽。只聽到似乎無影無形的兩個鬼，互相調侃。甲鬼悻悻地說：「秦文公是不會善罷甘休的，還是要來砍伐。」乙鬼毫無懼色，洋洋自得地答道：「嘻嘻，我不怕，諒他也沒有甚麼高招，他能把大爺我怎麼樣呢？」甲鬼沉默了一會，瞧瞧四周，像怕被人聽到似兒的悄悄問道：「他要是穿上紅色的衣服，動用紅色的土灰呢？」乙鬼像被人點到了軟肋，一下子沉默了，不知如何是好。這位力工聽明白了，原來這株大梓樹，最怕紅衣赤灰。

力工立即把自己聽到的秘密，以最快的速度報告了秦

文公。秦文公大喜，立即派人找來了赤灰，並讓砍樹的力工全都穿上紅色的衣服，以彰顯威力。砍樹時，砍開一個口子，趕忙塞上赤灰。以此類推，如法炮製，十分奏效，很快就把這株不屈服的大梓樹砍倒了。

大梓樹很快變化成了一頭雄壯的黃牛，跳入水中，逃跑了。這頭牛，就是不輕易屈服的牛王。以此，秦文公特為此牛立祠祭祀，這就是牛王的來歷。從中可知，牛王原來是一株大梓樹。

二說是名人冉伯牛。

冉伯牛，姓冉名耕，字伯牛，孔子的學生。冉伯牛道德高尚，聞名遐邇。其德聲僅次於顏淵、閔子騫，排在冉雍之前。他大概是冉雍的叔伯之輩，同冉雍一個宗族。他的史料，歷史流傳很少，《論語》中也僅如下一句：

伯牛有疾，子問之，自牖執其手，曰：「亡之，命矣夫！斯人也而有斯疾也！斯人也而有斯疾也！」

伯牛不幸生病了，得了怪病。孔子探望他的時候，不能進屋，只能從窗戶把手伸進去，握住他的手，悲痛地說：「你快要不行了，這就是命啊！如此品德高尚的人竟然也會得這種病啊！如此品德高尚的人竟然也會得這種病啊！天道太不公了！」孔子心如刀絞，痛苦萬分。冉伯牛得的究竟是甚麼病，不得而知，大概是傳染病之類的疾病。

就是這位冉伯牛，居然成了神話中的牛王。有一個傳說故事，叫「冉伯牛計懲貪官」，講到了冉伯牛變成牛王的

經過。話説從前，平利縣來了一位貪官。此君嘴特饞，愛吃牛肉，而且專愛吃千斤以上的肥牛。三年過去了，縣裡千斤以上的肥牛，幾乎讓他吃光了。為了滿足他自己的口福，他命令衙役們到牛王山去繼續搜索肥牛。

牛王山確實名不虛傳，藏有肥牛。牛王山還有一頭特大號肥牛，人們給牠起了個綽號，叫「金牛王」。這金牛王是牛王村金老漢的心肝寶貝。衙役們探得這個情報，心中大喜，趕忙回來報告縣令。縣令急不可耐，翌日清晨，就帶着衙役，到金老漢家來拉牛。但到金老漢家一看，不見了金牛王的蹤影。縣令大怒，命衙役們輪番拷打金老漢一家老小，逼問口供。此時，奇跡出現了，金牛王突然從天而降。縣令大驚，繼而大喜，忙命衙役上前捉拿。那牛不慌不忙，向大山跑去。

縣令帶人追進大山。此時，怪異的現象出現了。只見樹林中，突然湧出許多牛頭力士，奇形怪狀，張牙舞爪，令人驚恐。他們將縣令和衙役團團圍住。縣令和衙役動彈不得，十分緊張。原來金牛王夜裡逃跑後，直奔牛神廟告狀。牛神王得知情況，設計將這幫歹人引誘上山，進行懲罰。

只見天空飛沙走石，牛神王駕雲而至，從天而降。他牛頭人身，金盔金甲，面目猙獰，怒目圓睜，吼聲如雷，怒斥縣令道：「你身為父母官，卻只顧自己的口福，不察民苦，殘殺耕牛，禍害百姓，實在可恨！今懲罰爾等均變成耕牛，為民出力，將功贖罪！」

牛神王將手一揮，頓時飛來幾十張牛皮。這些牛皮正好是縣令宰殺的那些耕牛的牛皮。牛神王向這些牛皮輕輕地吹了一口法氣，牛皮霎時飛將起來，紛紛包裹在縣令和衙役的身上。縣令和衙役頓時變成了地地道道的耕牛了。

　　據說，這位神通廣大的牛神王，就是孔子的弟子冉伯牛。因為冉伯牛名耕，傳說他喜歡農耕，熱愛耕牛，所以玉皇大帝將他封為牛神王，專門掌管人間飼牛、耕作之事。冉伯牛本來是一位謙謙君子，是一位儒生。但自從成為牛神王之後，他的形象就變成了「牛頭人身，金盔金甲」的力士模樣了。

　　牛王的誕辰，因地域的不同，日期也有不同。第一種說法，四月初八日是牛王誕辰日；第二種說法，七月二十五日是牛王誕辰日；第三種說法，十月初一日是牛王誕辰日。逢到牛王日，家家給耕牛餵食細料，免耕家休，並祭拜牛王，以祈望牛王保佑。

　　牛王得到民間的祭拜，是老百姓保佑家畜平安的一種精神寄託。

92

龍王

龍王是傳説中掌管興雲降雨的動物神。中國古代典籍最早記載龍王的大概是宋代佛道名書《太平廣記》。其「震澤洞」條云：「震澤中，洞庭山南有洞穴，深百餘尺，旁行升降五十餘里，至一龍宮。蓋東海龍王第七女掌龍王珠藏，小龍千餘衛護此珠。」這裡首次提到了「東海龍王」，首次提到了「龍王第七女」，首次提到了「小龍千餘」。

明代作家吳承恩的小説《西遊記》讓龍王廣為人知。《西遊記》中龍王的海底世界有「龍子、龍孫、蝦臣、蟹士、鱔軍師、鱖少卿、鯉太宰」等，五光十色，異彩紛呈。龍王興風雨時，違了玉帝敕旨，犯了天條，因此，在夢中被唐太宗的宰相魏徵斬首。孫悟空又大鬧東海，將老龍王的看家之寶天河定底神針收為己有，變成如意金箍棒。作者將龍王擺到以上諸自然神之上，給以特殊的地位。《西遊記》裡的龍王，不僅東海有，西海、南海、北海亦有，進而至於河、潭也有了。龍王之所以家喻戶曉，婦孺皆知，得益於《西遊記》的廣為流傳。

明代作家吳元泰的小説《東遊記》，又使龍王的神話更加深入人心。《東遊記》專敍八仙過海同龍王大戰的故事，情節跌宕起伏，內容富於情趣。這就使龍王的神話故事愈

發豐滿厚重。其實，細細考來，龍王的神話傳説是來自西域，本來是佛經裡幻想出來的。

佛教《華嚴經》上說，龍王共有十名，一是毗樓博義龍王，二是娑婆龍王，三是雲音妙幢龍王，四是焰口海光龍王，五是普高雲幢龍王，六是德義迦龍王，七是無邊步龍王，八是清淨色龍王，九是普運大聲龍王，十是無熱腦龍王。他們負責興雲佈雨，是神通廣大的自然神。

道教也有關於龍王的説法。説有諸天龍王、四海龍王、五方龍王等，奉元始天尊、太上道君的旨意，負責普天施雨的農耕大事。

佛教典籍記載，龍王逐漸增多：十光明龍王，百光明龍王，八十億龍王。就是説，凡是有水的地方，無論是江河湖海，還是淵塘井窪，莫不駐有龍王。龍王職司該地水旱豐歉。因此，百姓一遇水旱災害，就要祈求龍王，以致大江南北，龍王廟到處林立。

藥王

民間傳說的藥王是指漢朝的邳彤。邳彤（？—30），字偉君，西漢信都（今河北冀州市）人，是東漢開國皇帝劉秀部下二十八將之一。新朝王莽時任和成卒正（太守）。劉秀巡行河北，邳彤舉城投降，做了和成太守。力主據河北，平天下。從擊王郎，拜為後大將軍，並兼和成太守。後來攻佔邯鄲，封武義侯。建武元年（26），更封靈壽侯，具體做大司空事。後任太常、左曹侍中等職，常從征戰。

邳彤輔佐劉秀打天下，英勇善戰，忠心耿耿，且足智多謀，為創立和捍衛東漢江山立下了不朽功勳，官至太常。太常是漢朝九卿之首。九卿是：太常、光祿勳、衛尉、太僕、廷尉、大鴻臚、宗正、大司農、少府。邳彤酷愛醫學，精通醫理，用自己的醫術為民醫病，頗受軍民擁戴，死後葬於祁州南門外。如今，邳彤墓仍在祁州即今天的河北省保定市安國市藥王廟內，任人憑弔。

藥王廟的來歷，有一個神話傳說。相傳宋秦王得疾，久治不癒，邳彤顯靈治癒。宋秦王問其姓名，告之「祁州南門外人也」。「遣使即其地，始知為神」，遂封王建廟祀之。宋徽宗建中靖國元年（1101），趙佶加封邳彤為侯，後改封公。宋度宗咸淳六年（1270），趙　又加封為明靈昭惠顯佑王。

隨着帝王對邳彤的不斷封賜，藥王影響越來越大。

明成祖永樂二年（1404），仿照宋代臨安（今浙江杭州）的藥王廟，以邳彤墓為中心，擴建藥王廟。經明、清兩代歷次修葺，始成為現在的規模。藥王廟建築群佔地三千二百多平方米，坐東向西，結構嚴整，樓閣錯落。

懸掛於山門之上的「藥王廟」匾額，乃清乾隆時東閣大學士劉墉題寫。藥王墓在藥王廟的中院。墓為亭式，琉璃瓦頂，富有民族特色。墓亭內豎有高 3.8 米的透雕木質墓碑，墓碑上書有「敕封明靈昭惠顯祐王之墓」。墓碑附近，碑碣林立，有幾十塊之多，有的碑上鐫刻着古藥方藥的知識，十分珍貴。

如今，藥王廟不僅是旅遊勝地，藥王廟所在的城市安國市還是藥材集散地。當地每年農曆四月二十八日，都會舉行藥材廟會。屆時客商雲集，十分熱鬧。安國市也因此獲得「藥都」和「天下第一藥市」的美譽。

蟲王

蟲王是中國農村驅除蟲害、呵護莊稼的保護神，也稱蟲神。這個保護神是鳥，還是人？多年來，一直存疑。大體有二說，一為鳥說，一為人說。

鳥說。這種鳥保護神叫鷩，是古書上說的一種水鳥，頭和頸上都沒有長毛。據南宋洪邁著《夷堅支志》記載：「紹興二十六年，淮、宋之地將秋收，粟稼如雲，而蝗蟲大起。未幾，有水鳥名曰鷩，形如野鶩高且大，月豆有長嗉，可貯數斗物，千百為群，更相呼應，共啄蝗。才旬日，蝗無孑遺，歲以大熟。徐泗上其事於虜廷即金朝，下制封鷩為護國大將軍。」金朝時期，淮宋之地發生蝗災。由於正值收穫之際，人們叫苦不迭，卻束手無策。這時，成群的鷩鳥飛來，吃掉蝗蟲，保護了莊稼。於是，金朝政府封鷩為護國大將軍。鷩鳥成了民間祭祀的蟲王。

人們把鷩鳥當成保護神，說明了人類對自然的敬畏。這裡洋溢着人類對自然的感恩之心和感激之情。

人說。這種說法出自清代著名學者袁枚。他說：「蟲魚皆八蠟神所管，只須向劉猛將軍處燒香求禱，便可無恙。」這裡提到的八蠟神，須加解釋。蠟，是古代一種年終祭祀。八蠟，是指古代的八種農事，即祭祀、耕作、築堤、疏浚、

蟲王年畫

修屋、畜牧、造酒、治蟲八個方面的農事。也特指農曆十二月舉行的祭祀活動。這是説，蟲王是劉猛將軍。

這裡的劉猛將軍，並不是姓劉名猛，而是一位姓劉的勇猛將軍。這位猛將軍，還不能一時認定。有五種説法：劉合、劉錡、劉鋭、劉宰和劉承忠。學者認為，這五位將軍中能夠和蟲王靠譜的，還是劉錡。

劉錡是南宋的抗金名將，打敗了金兀尤的金軍，卻被奸相秦檜排擠出京城，做了地方官。他在任上，恰逢百年不遇的大蝗災。劉錡殫精竭慮，千方百計地滅蝗，保住了莊稼。宋理宗趙昀敕封他為揚威侯暨天曹猛將之神。這裡的「猛將」，就是猛將軍之意。此後，各地立祠設廟祭祀劉錡。當時的劉猛將軍廟上有一副對聯，也點明了蟲王是劉錡：

臥虎保岩疆，

狂寇不教匹馬還；

驅蝗成稔歲，

將軍合號百蟲來。

這副廟聯，上聯是説，如臥虎般劉錡的軍隊死保邊疆，來犯的金寇，一匹馬也別想回去；下聯是説，任地方官的劉錡驅蝗成功獲得豐收，聽到將軍的號令，各種各樣的益蟲都飛來了。上聯是在歌頌劉錡軍事上的勝利，下聯是在讚揚劉錡農事上的成功。

清高宗乾隆皇帝曾於 1742 年 4 月 23 日，親詣北京劉猛將軍廟行禮。從史料來看，為農業豐收而祭祀劉猛將軍，

是清乾隆時期的一個社會常態。但乾隆皇帝祀神不唯神，據《清高宗實錄》記載，他在十年後的一道諭旨裡說：「唯信劉猛將軍之神，祈禳可免，愚說實不足憑……然民情亦當順之。彼祀神固不害我之捕蝗也，若不盡力捕蝗，而唯恃祀神，則不可耳。」從這段話中，我們既可以看出劉猛將軍在當時社會的影響力，也更佩服乾隆皇帝的不可「唯恃祀神」的態度。

匠
作
神

字神

中國神話傳說中的造字神是蒼頡。蒼頡，一作倉頡。蒼頡是神話傳說中的人物，有的說是黃帝的史官，有的說是古代帝王，有的說和史皇是一個人。

黃帝史官說。《世本‧作篇》:「黃帝使蒼頡作書。」東漢許慎著《說文‧序》云:「黃帝之史倉頡，見鳥獸蹄迒之跡，知分理之可相別異也，初造書契。百工以乂，萬品以察。」西漢劉安著《淮南子‧本經》云:「蒼頡作書而天雨粟，鬼夜哭。」這是說，蒼頡是黃帝的史官，黃帝派他製造文字。蒼頡從飛鳥走獸的爪蹄痕跡中得到啟發，了解了蹄跡區分的道理，從而使製造的文字能夠互相區別開，初步製造了文字。有了文字，百工可以治理，萬品得以體察。蒼頡造字是一件大事，上天因此落下粟米，鬼怪因此夜間啼哭。真是驚天地，泣鬼神。

古代帝王說。清黃奭著《漢學堂叢書》云:「倉帝史皇氏，名頡，姓侯岡。龍顏侈哆，四目靈光，實有睿德。生而能書。於是窮天地之變，指掌而創文字。天為雨粟，鬼為夜哭，龍乃潛藏。」這是說，蒼頡是一個帝王，通稱史皇氏，名字是侯岡頡。他的相貌奇特，龍顏莊嚴，四目靈光，本身具有高尚的道德。因此，生來就能夠書寫文字。於是，蒼頡

能夠透徹地了解天地的變化，在很短的時間裡，就創造了文字。這個驚世的壯舉，使上天落下了粟米，鬼怪夜間啼哭，蛟龍潛藏大海。

史皇本人說。史皇是黃帝的臣子，是第一個開始繪畫的人。西漢劉安著《淮南子》云：「史皇產而能書。」高誘註：「史皇，蒼頡。」清黃奭著《漢學堂叢書》云：「倉帝史皇氏，名頡，姓侯岡。」說的是蒼頡和史皇為同一個人。但也有說是兩個人的。史皇作畫，蒼頡作書，傳說有所不同。看起來，說是兩個人比較順當。

通行的說法，還是說蒼頡是黃帝的史官，採納了第一說。倉頡發明了文字，故古代以文字工作為職業的胥吏們奉倉頡為祖先，尊其為「倉王」。胥吏們處理文件，時時離不開文字，自然要敬奉倉頡了。

有一個關於蒼頡的傳說，在民間十分流行。

相傳蒼頡在黃帝手下當官。黃帝分派他專門管理圈裡牲口的數目、囤裡食物的多少。蒼頡這人挺聰明，做事又盡心盡力，很快熟悉了所管的牲口和食物，難得出差錯。可慢慢的，牲口、食物的儲藏在逐漸變化，有時增加，有時減少，光憑腦袋記不住了。當時又沒有文字，更沒有紙和筆。怎麼辦呢？蒼頡犯難了。倉頡整日整夜地想辦法。先是在繩子上打結，用各種不同顏色的繩子，表示各種不同的牲口、食物，用繩子打的結代表每個數目。但時間一長，就不奏效了。這增加的數目在繩子上打個結很便當，而減少數

目時，在繩子上解個結就麻煩了。蒼頡又想到了在繩子上打圈圈，在圈子裡掛上各式各樣的貝殼，來代替他所管的東西。增加了就添一個貝殼，減少了就去掉一個貝殼。這法子挺管用，一連用了好幾年。

黃帝見蒼頡這樣能幹，叫他管的事情愈來愈多，年年祭祀的次數、回回狩獵的分配、部落人丁的增減，也統統叫蒼頡管。倉頡又犯愁了，憑着添繩子、掛貝殼已不抵事了。怎麼才能不出差錯呢？

這天，他參加集體狩獵，走到一個三岔路口時，幾個老人為往哪條路走爭辯起來。一個老人堅持要往東，説有羚羊；一個老人要往北，説前面不遠可以追到鹿群；一個老人偏要往西，説有兩隻老虎，不及時打死，就會錯過機會。蒼頡一問，原來他們都是看着地下野獸的腳印才認定的。蒼頡心中猛然一喜：既然一個腳印代表一種野獸，我為甚麼不能用一種符號來表示我所管的東西呢？

他高興地拔腿奔回家，開始創造各種符號來表示事物。果然，把事情管理得頭頭是道。黃帝知道後，大加讚賞，命令蒼頡到各個部落去傳授這種方法。漸漸地，這些符號的用法，全推廣開了。就這樣，形成了文字。

蒼頡廟和墓位於陝西省白水縣史官鄉。按碑記，該廟在東漢漢桓帝延熹五年（162），已經具有相當的規模。至於其創建於何時，尚無從查考。

蒼頡廟佔地十七畝。蒼頡廟前，有一副對聯：「明四目

而製六書萬世文字之祖；運一心以贊兩儀千古士儒之師。」廟內建有後殿、正殿、獻殿、前殿、戲樓、鐘樓、鼓樓等，建築規模宏大，氣勢雄偉。後殿內塑有「四目重光」的蒼聖像，四隻眼睛，神光四射，這是根據古籍「四目靈光」的記載雕塑的。正殿後面陳列着歷代碑刻，其中有「蒼聖鳥跡書碑」等。後殿後面是蒼聖墓，墓塚高 3.2 米，周圍 44 米。墓頂有古柏一株，人稱「轉枝柏」，蓋因其形態奇特，四面樹枝隔年輪流榮枯而得名。如今，這裡是陝西省重點文物保護單位之一。

匠
神

魯班是我國名聲最大、影響最久的行業神。魯班，姓公輸，名般，又稱公輸般、公輸子；因為他是魯國人，「般」與「班」同音，古時通用，所以後世稱他為魯班。魯般生於魯定公三年（前507），卒年不詳。他是我國古代一位優秀的手工工匠和傑出的發明專家。相傳他在手工機械、木工工具、土木建築等方面有多項創造發明，留下了許多動人的故事。兩千多年以來，他一直被土木工匠們視為祖師，是匠神。

魯班是手工工匠中的天才。《孟子·離婁》云：「公輸子之巧。」趙岐註：「公輸子，魯班，魯之巧人也。」孟子讚揚魯班是魯國的靈巧之人，決非偶然。西漢劉安著《淮南子·齊俗》云：「魯般、墨子，以木為鳶而飛之，三日不集。」是說魯班和墨子一起，用木材製造了老鷹，老鷹居然在天空中飛翔了三天而不落下。還有更加離奇古怪的傳說。東漢王充著《論衡·儒增》云：「世傳言曰，魯班巧，亡其母也。言巧工為母做木車馬。木人御者，機關備具，載母其上。一驅不還，遂失其母。」這是說，世間傳言，魯班太過智慧靈巧了，以致丟掉了母親。說魯班為他的母親製作了木質的車馬，準備用木頭人駕馭車馬。所有的機關都備齊了，將他的母親請到了車馬上。木頭人御者趕起車馬，一瞬間，母

親就不見了。這裡暗指魯班的母親升天為仙了。

魯班是個心靈手巧的工藝家，還很擅長繪畫。北魏酈道元著《水經注・渭水》云：「（渭橋）舊有忖留神像。此神嘗與魯班語。班令其人出。忖留曰：『我貌很醜，卿善圖物容，我不能出。』班於是拱手與言，曰：『出頭見我。』忖留乃出首。班於是以腳畫地。忖留覺之。便還沒水。故置其像於水，唯背以上立水上。」魯班不僅能夠用手畫畫，還可以用腳畫畫。

公元前 450 年以後，魯班從魯國來到楚國，幫助楚國製作兵器。他曾創製了威力較大的攻城器械雲梯，並準備以此來進攻宋國，他為此與當時的著名學者墨子發生了辯論，兩人展開了一場攻城與守城的演習，魯班想盡各種辦法進行攻城，都被墨子一一化解。墨子主張製造實用的生產工具，以造福老百姓，反對為戰爭製造武器。魯班接受了墨子的這種思想，於是便把精力投入到木工工具、機械等各種實用技術上，埋頭從事各種發明創造，留下了很多美麗動人的傳說和故事。

魯班發明鋸的故事，千百年來就一直流傳在民間。相傳有一次，上山的時候，他無意中抓了一把野草，卻一下子將手劃破了。他摘下了一片葉子來細心觀察，發現葉子兩邊長着許多小細齒，用手輕輕一摸，這些小細齒非常鋒利。他明白了，他的手就是被這些小細齒劃破的。這使魯班受到很大啟發。於是他就用大毛竹做成一條帶有許多小鋸齒

的竹片，然後到小樹上去做試驗，試驗成功了。但是，由於竹片比較軟，強度比較差，不能長久使用，魯班就製作了帶有小鋸齒的鐵片，鋸就這樣發明了。

但是，青海柳灣彩陶有一把卡約文化的骨鋸，卻反駁了魯班發明鋸子的傳說。這把古鋸是用獸骨磨製而成，大約2厘米長。由於歲月的侵蝕，略顯殘舊。不能小看這把骨鋸。據史料記載，魯班是鋸子的發明人。但是，這一把展出的骨鋸屬於公元前1600年卡約文化，距今已有近四千年的歷史，遠遠早於魯班所生活的春秋時代，所以鋸子不可能是魯班發明的。

魯班在長期的木工實踐中，需要經常與木頭打交道，發現了許多可以進行改進的技術問題。魯班發明了刨子。有了這種工具，就可以把不平的木頭刨平。其他如鑽、鏟、鑿子、墨斗（木工畫線用的）和曲尺等，傳說都是魯班發明的。其中曲尺，後人稱之為魯班尺，是木工用以求直角的，至今仍為木工所使用。在魯班的發明工作中，他的母親和妻子對他的幫助很大。例如，魯班在做木工活，用墨斗放線的時候，都是由他的母親拉住墨線的一端，他自己拉住另一端，以便彈墨放線。魯班設計了一個小彎鉤，操作簡便，只需一個人就行了。後來木工就把這個小彎鉤稱為「班母」。又如，刨木料時頂住木料的卡口，人們稱之為「班妻」。據說這是因為魯班以前刨木料時，都是由他妻子扶着木料，後來他發明了卡口，才不用他妻子幫忙了。

魯班還是一位傑出的機械發明家，發明創造了多種簡單機械裝置。如魯班曾對古代的鎖進行了重大改進。鎖在我國奴隸社會的周代就已經出現，其形狀像一條魚，構造簡單，安全性差。經過魯班改進後，鎖的機關設在裡面，外表不露痕跡，只有借助配好的鑰匙才能打開，具有很強的安全性和實用性。南朝梁任昉著《述異記》記道：「天姥山南峰，昔魯班刻木為鶴，一飛七百里。後放於北山西峰上。漢武帝使人往取，遂飛上南峰，往往天將雨則翼翅搖動，若將奮飛。」是說魯班製作了木鶴，可飛七百里。

　　在兵器方面，鈎和梯是春秋末期常用的兵器。史書記載，魯班曾將鈎改製成舟戰用的「鈎鉅」，楚國軍隊曾用此兵器與越國軍隊進行水戰，發揮了很大的作用。越船後退就可以鈎住它，越船前進又可以進行阻擋，既能攻又能守，頗具威力。魯班還曾將梯改造成可以凌空而立的雲梯，用以越過城牆攻佔城池，非常有效。在雕刻和建築方面，魯班也有很多發明和貢獻。唐段成式著《酉陽雜俎》記道：「（魯班）於涼州造浮圖，做木鳶。」建造了佛塔，製作了木鷹。南朝梁任昉著《述異記》記載：「魯班刻石為九州圖，今在洛城石室山。」這石頭刻製的九州圖，可能是我國最早的石刻地圖。

　　有人認為，魯班被尊為建築業的鼻祖，遠遠不夠。魯班不光在建築業有成就，在航天業，他發明了飛鳶，是人類征服太空的第一人；在軍事科學，魯班發明了雲梯、鈎鉅

及其他攻城的武器，是一位偉大的軍事科學家；在機械方面，魯班很早就被稱為機械聖人。此外，還有很多民用、工藝等方面的成就。魯班是中國當之無愧的科技發明之父。

窯神

97

窯神是中國古代陶瓷業供奉之神。古代陶瓷業供奉的神，往往是地方神。

陶瓷的歷史源遠流長。漢代的陶瓷，雖然火度低、質地脆，但已有相當的規模。到了五代，最著名的瓷器是由後周世宗柴榮所燒製的紫陶，其器「青如天，明如鏡，薄如紙，聲如磬」，滋潤細媚，製精色絕，為古今瓷器之首。宋代、明代都是陶瓷業的高峰期。清代的作品則模仿痕跡較重，創新較少。中國古代的窯神很多，現在介紹三位。

第一位窯神。最著名的窯神是童賓。窯神，又叫風火神、風火仙師。江西景德鎮是我國的瓷都。早在北宋年間，朝廷派官員在此監製御用瓷器。明朝初年，明太祖朱元璋下詔在此建立御窯廠。在御窯廠內，有一座風火仙廟，廟內供奉的就是窯神童賓。關於童賓，史籍中多有記載。

清唐英著《火神童公傳》記載：「窯神，姓童名賓，字定新，饒之浮梁縣人。性剛直，幼業儒，父母早喪，遂就藝。浮地利陶，自唐宋及前明，其役日益盛。萬曆間，內監潘相奉御董造，派年於民。童氏應報火，族人懼，不敢往，神毅然執役。時造大器累不完工，或受鞭笞，或苦飢羸。神惻然傷之，願以骨作薪，丐器之成，遽躍入火。翌日啟窯，果得

完器。自是器無弗成者。家人收其餘骸,葬鳳凰山,相感其誠,立祠祀之,蓋距今百數十年。」

另據《童賓家譜》記載:「當神之時,繇役繁興,刑罰滋熾,瑟縮於前,而涕泣狼狽於後?神聞役而趨,趨而盡其力,於工則已耳!物之成否,不關一人;器之美惡,非有專責。乃一旦身投烈焰,豈無妻子割值捨之痛與骨肉鍛煉之苦?而皆在不顧,卒能上濟國事而下貸百工之命也。何其壯乎!然則神之死也,可以作忠臣之氣而堅義士之心矣。神娶於劉,生一子曰儒。神赴火後,劉苦節教子,壽八十有五。儒奉母以孝聞。」

以上是說,童賓,字定新。生於明穆宗隆慶丁卯年(1567)五月初二日午時。娶妻劉氏,子劉儒,祖上以燒瓷為業。明神宗萬曆年間(1573—1620年),內監潘相奉旨,督促燒製大龍缸,要求剋日完成。但大龍缸燒成並非易事,每每失敗。監工太監潘相,心狠手辣,對窯工或棍棒交加,或飢餓勒逼,窯工敢怒不敢言。限期將至,若仍沒有燒成大龍缸,燒造大龍缸的相關人員將受嚴懲。童賓看在眼裡,急在心上。為了拯救同伴,自己毅然決然地跳進窯火中,用自己的生命為代價,換來了大龍缸的燒製成功,挽救了同伴的生命。眾人感動,立廟祭祀他,供奉其為窯神,也叫風火神。後來,每次燒窯前,都要燒香禮拜童賓,以求保佑燒窯成功。

第二位窯神。瓷鄉江西德化縣供奉的窯神是林炳。農曆

五月十六日，德化縣寶美村境內的祖龍宮最為熱鬧。這一天，是祖龍宮供奉的窯神林炳，當年受朝廷敕封嘉獎的日子。林炳身處北宋時期，距今已有九百餘年。那時，德化縣的陶瓷業已相當發達，「村南村北春雨晴，東家西家地碓聲」，描繪的就是當時德化縣陶瓷作坊遍佈鄉里的情景。

德化縣瓷窯密佈，但窯體窄小，容量有限。其微小的生產規模，滿足不了龐大的商品需求。燒製技術的落後，制約了德化陶瓷業的進一步發展。林炳順應發展，設計發明了圓拱形大窯爐，亦稱雞籠窯，不僅容量擴大了十幾倍，加之設計了煙囪拔焰消煙，熱度倍增，燒製出的瓷器更為潔白剔透。距離祖龍宮不遠的屈斗宮古窯，就是根據這種圓拱形大窯爐改進而成的。

關於林炳建成大型窯爐，還有一個美麗的傳說。傳說林炳在進行窯爐改革時，經歷了無數次的失敗。他非常苦惱。有一次，在倒塌的窯爐旁，身心俱疲的林炳不覺昏昏睡去。睡夢中，他感到一位仙女翩然而至。仙女在他面前解開衣襟，對他示意地指一指敗窯，又指一指自己的乳房，然後隱沒在雲霧之中。林炳醒來，細想仙女指點，突然有所領悟，於是將窯房砌成乳房樣的圓拱形大窯，兩旁再砌小奶窯，護住主窯房，這樣燒窯時就不再塌頂了，而且燒成的瓷器質優量多。後來，林炳又利用山坡地形，把幾個窯房穿連起來，這樣既能充分利用熱能，增加產量，又能使窯體更加牢固，也為此後演變發展成龍窯奠定了基礎。

因此，朝廷敕封林炳為「燒成革新先行」的稱號。那位指點林炳的仙女，也被敕封為「玄女夫人」。有一個叫加藤四郎的日本人宋朝時來德化縣學習陶藝，將砌雞籠窯的技術帶回日本，砌成「德化窯」，並尊奉林炳為「陶祖神」。

為了感激玄女指點的恩德，瓷鄉德化縣塑造了玄女像，建玄女宮奉祀。後來，林炳赴江西傳藝，一去杳無音信。最後積勞成疾，客死他鄉。家鄉人懷念他，塑造林炳像安放於玄女像之右，尊為窯坊公。每逢農曆五月十六日窯坊公誕辰之日，家鄉人都要舉行盛大的紀念活動。

第三位窯神。中國台灣祭祀的窯神有當地色彩。他們祭祀的是羅文祖師和羅明祖師。羅文祖師是用土條盤築法製陶，羅明祖師是用轆轤成型法製陶。兩人是兄弟，各有所長。羅文祖師的誕辰日是農曆四月十一日，羅明祖師的誕辰日是農曆九月九日。每逢這兩個節日，窯廠都要舉行祭祀典禮，以紀念這兩位造瓷的祖先。

98

陶神

中國古代神話中的陶神叫寧封子。傳說寧封子是黃帝時的陶正，即負責燒製陶器的官員。其傳說始見於西漢劉向著《列仙傳》。

西漢劉向著《列仙傳》記道：「寧封子者，黃帝時人也。世傳為黃帝陶正。有人過之，為其掌火，能出五色煙，久則以教封子。封子積火自燒，而隨煙氣上下。視其灰燼，猶有其骨。時人共葬於寧北山中，故謂之寧封子焉。奇矣封子，妙稟自然。鑠質洪爐，暢氣五煙。遺骨灰燼，寄墳寧山。人睹其跡，惡識其玄。」

這是說，寧封子是黃帝時代的人。後世傳說，他是為黃帝掌管燒製陶器的官員陶正，原名封子。封子燒製的陶器質量很過硬，自己也很得意。有一天，一個人突然來拜訪他，為他表演了一個道法。他竟然從手掌中發出火焰來，而且冒出的煙氣分為青、赤、黃、白、黑五種顏色。封子看得目瞪口呆，不知所以。封子就虛心地向他討教，當時人家沒有教給他。然而，過了一段時間，那個人終於把這種道法傳給了封子。封子虛心學習，牢牢地掌握了這個道法，而且有所昇華。以後，封子想升入天堂，進極樂世界。封子堆積了柴火自焚，身體隨着煙氣，時上時下。火滅後，從灰燼中人們發現了他的骸骨。當時的人們把他的遺骨葬於寧

北山中，所以封子又叫寧封子。寧封子就是這樣一位特殊人物。有詩贊曰：特異的寧封子，奇妙秉性自然。身形融化洪爐，精氣化成彩焰。遺骨存於灰爐，寄託墳墓寧山。人們只看事跡，不知奧妙之源。

寧封子升仙後，棲息於四川青城山。黃帝曾往見，問以「龍蹻飛行」之道。寧封子就以《龍蹻經》傳授黃帝。黃帝學會了，能乘雲龍以遊八極。因寧封子得道升天，神通廣大，黃帝就冊封他為五嶽丈人。寧封子頭戴蓋天冠，身着朱紫袍，腰掛三庭印，做了五嶽神的上司。他命令五嶽神，一月來朝拜兩次，從此成為定制。

民間也有流傳的寧封子神仙故事。四川灌縣青城山建福宮後面的丈人山，傳說是黃帝向寧封子問道處。寧封子因封於此，故名寧封。其時洪水氾濫，人居洞穴，每到山下取水，無盛水器，以山下濕泥為器易碎。寧封子偶於燒野獸火中得硬泥，遂悟做陶之理，故傳說寧封為黃帝陶正。某次燒陶，寧封子升窯添柴，因窯頂柴塌，遂陷火窟，人見灰煙中有寧封形影，隨煙氣冉冉上升，便謂寧封火化登仙。寧封便成為一個為發展人類文明而犧牲自己的仙人了。

染神

中國古代神話傳說中的染神是梅葛二聖。遠古的時候，人們穿的衣服是沒有顏色的。到底是誰發明了顏色呢？這是一個千古之謎。民間傳說發明顏色的人，就是梅葛二聖。

有關梅葛二聖的來歷，民間有三種傳說。

第一種傳說。最初人們用棉布和麻布縫製衣服，穿起來確實比獸皮羽毛舒適多了，但可惜都是白色的，不如獸皮羽毛漂亮。有個姓梅的小伙子，一次不小心摔倒在河邊的泥地裡，河泥染髒了他的白色衣服。於是，他把脫下的衣服在河裡洗，可是怎麼也洗不出衣服原來的白色。衣服原來的白色，變成了黃色。不料，村裡的人一見，都說這種顏色挺好看。梅君回想，是甚麼東西把衣服染成黃色的呢？他認定是河泥。這是一個不小的發現。梅君把這個發現，秘密地告訴了好朋友葛君。就這樣，河泥可以染黃布的事傳開了。從此，人們穿上了黃色衣服。梅葛兩人尋思著把衣服染成其他顏色，共同試驗，但總不成功。一天，他倆把染黃的白布，掛在樹枝上。忽然，布被吹落在草地上。等他倆發覺後，黃布成了「花」布，上邊青一塊、藍一塊，他們覺得奧妙準是在青草上。於是，兩人拔了一大堆青草，搗爛了，放在水坑中，再放入白布，白布一下變成藍色的了。此後，

人們又穿上了藍衣服，還把這種染衣服的草叫「蓼藍草」。梅葛二人也成了專門染布的先師，後人稱他們為梅葛二聖。

第二種傳説。「梅葛二聖」並不是甚麼先師，而是一鳥一果。傳説，最初古人不管是老百姓還是皇帝，穿的衣服都沒有顏色。有個皇帝覺得自己與百姓一樣穿沒有顏色的衣服，顯不出尊貴莊嚴。皇帝就下令，讓工匠為他製作一件跟太陽一樣鮮紅的袍子。工匠做不出，就被殺掉，一連殺了許多人，紅袍衣還是沒有製出。

一天，忽然來了位老人。他為了使工匠不致被斬盡殺絕，就對皇帝誇下海口：「我能造紅袍，但要一些時日。」老人不過是緩兵之計。這天，他正在苦思冥想如何使皇帝再寬限幾日，不知不覺間，走進了某處山林。老人忽然發現一隻葛鳥在吃梅果。葛鳥一邊歡快地叫，一邊愉悦地吃，梅子的紅汁從鳥嘴裡流了出來。老人突然受到啟迪，一下有了主意，用紅梅染成紅袍，或許能應付過去。老人一試，果真成功了。老人拿着紅袍交了差，在暴君的刀口下救活了無數工匠。眾人都把老人視為「活神仙」，要給他立廟供祀。老人不答應，説是天帝派了兩個神仙，一個姓葛，一個姓梅，來救大家。於是，人們按照老人的模樣塑造了梅葛二聖像，建廟供奉。

第三種傳説。在這個傳説裡，梅葛二聖是有名有姓的。傳説，染坊供奉梅福、葛洪為行業祖師，兩人合稱梅葛二聖、梅葛二仙等。

梅福為西漢末年人，曾任南昌尉，後出家修道煉丹。宋元豐年間（1078—1086），宋神宗趙頊封其為壽春真人。葛洪，字稚川，自號抱樸子，是東晉著名道士、醫學家和煉丹術家。他自幼好學，但家境貧寒，無錢買書，就賣柴換回紙筆，晚間抄寫默誦，學習知識。著有《抱樸子》一書，內

梅葛二聖像

詳載各種煉丹方技。

民間傳說，梅葛二仙曾化作跛腳漢行乞。為感謝一對青年夫婦的施捨，他倆在酒足飯飽之後唱道：「我有一棵草，染衣藍如寶。穿得花花爛，顏色依然好。」兩人手舞足蹈，邊唱邊跳，周圍瞬間長出許多小草。青年夫妻聽聞草能染衣，便割了幾筐放在缸裡，過了數日仍不見動靜。不久，兩位跛腳漢又來借宿喝酒。臨走時，把剩酒和殘湯全都倒入缸內，缸水頓時變成藍色。二仙告訴說：「水藍是藍靛草變的，染衣可永不變色。」小兩口高興地用它來為鄉親染布。此後，人世間便出現了染布業。該行在每年的農曆九月九日，即梅葛二聖的誕辰日，都要舉行祭典。

舊時，河南開封、四川綿竹等地，都有梅葛廟，供奉梅葛二聖。每年農曆四月十四日和九月初九日梅葛二聖的誕辰日，染匠都要舉行祭祀活動，同飲梅葛酒，以資祝賀。

蠶神

蠶神是中國古代神話中發明養蠶造絲之神。蠶神在民間有嫘祖、馬頭娘、青衣神、玄名真人馬明王、蠶女、馬明菩薩等多種稱呼。

中國是最早發明種桑飼蠶的國家。大約在新石器晚期，即五千年前，我們的祖先就已經知道利用蠶絲了。到了商朝，甲骨文中出現了桑、蠶、絲、帛等有關桑蠶的文字，而且還有一批與這些文字相關的文字。這說明在商朝桑蠶已經成為一個行業。在古代男耕女織的農業社會經濟結構中，蠶桑佔有重要地位。漢以前，蠶已被神化，稱其神曰先蠶，意指始為蠶桑之人神。東漢稱「寓氏公主」。北齊改祀黃帝，北周又改祀黃帝元妃西陵氏，即嫘祖。這都是官方祀典中所記的蠶神，有的已經傳入民間。民間祀奉的蠶神，則是蠶馬神話演化而來的蠶女、馬頭娘。在眾多關於蠶神的神話傳說中，著名的蠶神大體有三位。

傳說第一位蠶神是嫘祖。嫘祖是黃帝的正妻，古代教民養蠶之神。南朝范曄著《後漢書‧禮儀志》云：「祀先蠶，禮以少牢。」南宋羅泌著《路史‧後紀》云：「（黃帝）元妃西陵氏曰嫘祖。以其始蠶，故又祀先蠶。」是說因為嫘祖最先開始養蠶造絲，所以人們尊奉嫘祖為先蠶，並加以祭祀。相傳，在人類歷史上，是她首先開始種蠶，故後世祀以為先蠶。

嫘祖發明養蠶造絲之事，民間有傳說。據陶陽、鍾秀著《中國神話》記載，在陝西黃陵縣就流傳着嫘祖發現蠶絲的民間故事。據說，黃帝命其妻嫘祖製作衣服，嫘祖想得到一種材料製作衣服。為此，嫘祖急病了。有一天，嫘祖的同伴發現了一些果實上的絲狀物，向嫘祖報告。嫘祖不聽則罷，一聽病情好像減輕了大半，立即要看個究竟。身邊人不讓她動，把纏在木棒上的細絲線拿來叫她看。嫘祖仔細察看了纏在木棒上的細絲線，對周圍的女子說：「這不是果子，不能吃，但是它大有用處。」接着嫘祖就詳細詢問了果子從哪裡摘來，在甚麼山上，在甚麼樹上。嫘祖聽了後，說也怪，第二天病就全好了。她不顧黃帝的勸阻，親自帶領婦女上山要看個究竟。嫘祖在樹林裡整整觀察了幾天，才弄清這種白色果子，是一條口吐細絲的蟲子繞織而成，並非樹上結的果子。嫘祖回來把這事向黃帝作了詳細說明，並要求黃帝下令保護所有的桑樹林。從此，栽桑養蠶就在嫘祖帶領下開始了。後世為了紀念她的功績，就稱她為「先蠶娘娘」。

　　傳說第二位蠶神是馬頭娘。馬頭娘的雛形是《山海經·海外北經》所記的「歐絲」女子。當時蠶神的形象尚未與馬相聯繫。《荀子·賦篇》有賦五篇，其四《賦蠶》中有云：「此夫身女好而頭馬首者歟？」是說蠶身柔婉似女子，而蠶頭似馬首。後人據此將蠶與馬相糅合，造出人身馬首的蠶馬神。

　　最早記載馬頭娘故事的是《太古蠶馬記》。此書據稱為

蚕神，《三教源流搜神大全》

三國吳張儼所作。一般學者疑是魏晉人所偽託。東晉干寶著《搜神記》亦記載其事跡。據說，馬頭娘本是古代一位民女。高辛帝時，蜀地戰亂，她的父親被拉去征戰，一年多不見回還。唯有父親平常騎的馬還留在家中。女兒日日夜夜掛念父親，有時茶飯不思。她的母親無奈，就對眾人發誓說：「誰要能把她的父親找回來，我就把女兒嫁給誰。」家裡的傭人們都只是聽聽而已，誰都無法使她的父親回歸家中。然而，想不到的是，那匹馬聽了這話，卻驚躍振奮起來，掙脫了韁繩，迅疾而去。幾天後，父親就騎着那匹馬回來了。可是從這日起，那匹馬就開始嘶叫哀鳴，不肯吃東西。父親問怎麼回事，母親就把對眾發誓的事告訴了父親。父親說：「這誓是對人發的，而不是對馬發的。哪有人與畜牲婚配的事呢？」於是，父親就加添了許多好飼料，打算以此來安撫和回報這匹馬。可是，馬還是不肯吃東西。每當那女孩從牠身邊走過，牠都怒目而視，並且憤然出擊，沒有一次不這樣。父親一怒之下便把這馬殺了，而後剝下馬皮曝放在庭院中。有一天，女孩從馬皮旁經過，馬皮蹶然而起，捲着女孩子飛走了。十多天後，人們在一株桑樹下找到了那張馬皮。女孩則已變為蠶，食桑吐絲作繭，為人間造衣。父母痛悔不已，念念不忘。一天，忽然看見蠶女騎着那匹情馬，乘着流雲，前呼後擁數十人從天而降。她對父母說：「太上因為我孝能致身，心不忘義，授予我九宮仙嬪之職，在天長生，你們就不要再憶念我了。」說畢，便乘馬上

天而去。這女子的家鄉在蜀中什邡、綿竹、德陽三縣交界之地，每年都有來自四方的祈蠶者雲集在此。而蜀中寺觀多塑女人披馬皮的像，人稱馬頭娘，用以祈祀蠶桑。

民間又稱馬頭娘為馬明王、蠶女、馬明菩薩等。

傳說第三位蠶神是青衣神。青衣神即蜀地先王蠶叢氏。傳說蠶叢氏最初是蜀侯，後來又成為蜀王。他經常穿一身青衣，巡行郊野，教百姓們怎樣養蠶。鄉里人感念他的恩德，為他立祠祭祀，每逢祈禱沒有不靈驗的。地方上俗稱他為青衣神。

傳說第四位蠶神是玄名真人。道教也崇奉蠶神，這位蠶神就是玄名真人所化。《太上說利益蠶王妙經》云：「有一真人名曰月淨，上白（靈寶）天尊曰：『今見世間人民苦樂不均，衣無所得，將何救濟？』天尊憫其所請，乃遣玄名真人化身為蠶蛾，口吐其絲，與人收什，教其經絡機織，裁製為衣。」據此，蠶神不僅管蠶桑，還管機織成衣之事。

除以上傳說的四位蠶神外，還有一些沒有姓名的蠶神。

蠶神的形象，有的是一個女子騎在一匹馬上；有的是一個女子端坐，身旁站着一匹馬；有的是三位女子共騎一匹馬。

責任編輯	陳 菲	
書籍設計	彭若東	
排 版	高向明	
印 務	馮政光	
書法題寫	都旭星	

書　　名	道界百仙
叢 書 名	中國民間崇拜文化叢書
作　　者	徐徹　李焱
出　　版	香港中和出版有限公司 Hong Kong Open Page Publishing Co., Ltd. 香港北角英皇道499號北角工業大廈18樓 http://www.hkopenpage.com http://www.facebook.com/hkopenpage http://weibo.com/hkopenpage Email: info@hkopenpage.com
香港發行	香港聯合書刊物流有限公司 香港新界荃灣德士古道220－248號荃灣工業中心16樓
印　　刷	美雅印刷製本有限公司 香港九龍官塘榮業街6號海濱工業大廈4字樓
版　　次	2020年1月香港第1版第1次印刷 2022年1月香港第1版第2次印刷
規　　格	32開（130mm × 190mm）336面
國際書號	ISBN 978-988-8570-88-1
	© 2020 Hong Kong Open Page Publishing Co., Ltd. Published in Hong Kong

本書由上海三聯文化傳播有限公司授權本公司在中國內地以外地區出版發行。